Arbeitsheft

Maler/-innen und Lackierer/-innen

1. Ausbildungsjahr

von

Katharina Böhm
Siri Campe
Miriam Knop

Handwerk und Technik – Hamburg

Inhaltsverzeichnis

Untergründe bearbeiten – Materialien verarbeiten

1 Ordnen Sie folgende Untergründe und Materialien den Ziffern in der Abbildung zu.

Beton – Stahl – Dämmmaterial – Gipsplatte – Holz außen – Holz innen – Kunststoff – Lack – Metall – Naturstein – Putz – Tapete – Teppichboden – Wandfarbe – WDVS außen – Ziegelsteine – Zink

2 Kennzeichnen Sie in der Abbildung die **Untergründe**, die der Maler und Lackierer bearbeitet, mit einem U und die **Materialien**, die er verarbeitet, mit einem M.

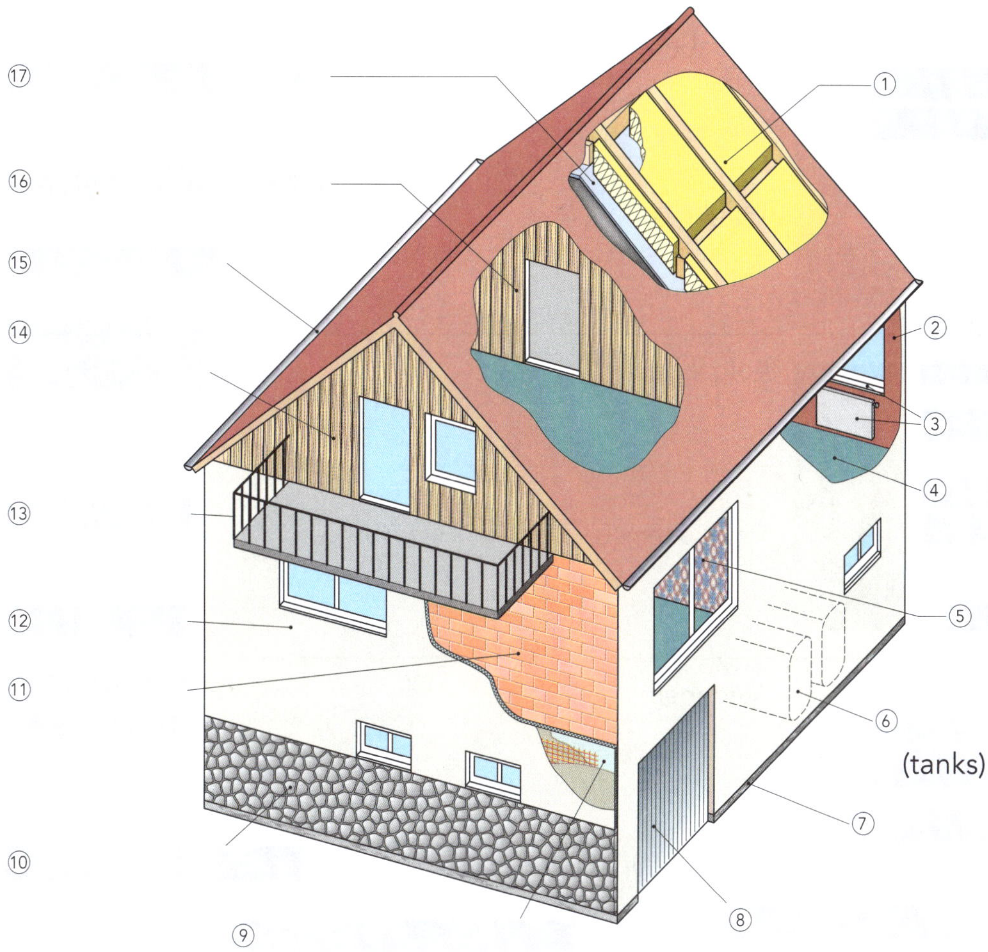

3 Nennen Sie fünf weitere **Materialien**, die der Maler und Lackierer verarbeitet.

-
-
-
-
-

4 Welche Arbeiten haben Sie in Ihrem Ausbildungsbetrieb schon ausgeführt? Bilden Sie vier Sätze, in denen ein Untergrund und ein Material benannt werden.
Beispiel: Wände mit Gipsspachtel geglättet.

-
-
-
-

Name: Klasse: Datum:

Aufgaben und Tätigkeiten des Malers und Lackierers

1 Ordnen Sie folgende **Aufgaben** des Malers und Lackierers den Abbildungen zu.

Ausbautechnik und Oberflächengestaltung – Bauten- und Korrosionsschutz –
Gestaltung von Räumen und deren Instandsetzung –
Kirchenmalerei und Denkmalpflege – Maßnahmen zur Energieerhaltung

2 Formulieren Sie **Tätigkeiten**, die der Maler und Lackierer ausführt, um die genannten Aufgaben zu erfüllen.

Aufgaben:

Tätigkeiten:

Aufgaben:

Tätigkeiten:

Aufgaben:

Tätigkeiten:

Aufgaben:

Tätigkeiten:

Aufgaben:

Tätigkeiten:

Name: | Klasse: | Datum:

Umgang mit elektrischen Geräten

1 Warum ist ein **Stromschlag** für den Menschen so gefährlich?
Kreuzen Sie die drei richtigen Aussagen an.

- ☐ Die Zellflüssigkeit wird durch den elektrischen Strom zersetzt und der Körper wird vergiftet.
- ☐ Der Strom wird über die Füße in den Boden geleitet und es wird so heiß, dass man festbrennt (besonders auf Kunststoff- und Holzböden).
- ☐ Der Stromfluss führt zu Verbrennungen an den Ein- und Austrittsstellen.
- ☐ Der Körper eines Menschen kann durch einen Stromschlag auseinanderbrechen wie ein Baum durch einen Blitz.
- ☐ Fließt Strom durch das Herz, kommt es zu Herzflimmern und schließlich zum Herzstillstand.
- ☐ Fließt starker Strom durch das Herz, zerspringt dieses und der Mensch verblutet innerlich.

2 Welche Regeln für den **Umgang mit elektrischen Geräten und Maschinen** sind für Sie als Maler und Lackierer besonders wichtig?

-
-
-
-
-
-
-

3 Wie verhalten Sie sich, wenn Sie ein elektrisches Gerät in Ihrer Firma entdecken, das einen **Mangel** aufweist?

Name: Klasse: Datum:

Umgang mit elektrischen Geräten

4 Welche Bedeutung haben die nachfolgenden **Symbole auf Elektrogeräten**? Verbinden Sie die Symbole mit den entsprechenden Erklärungen.

 Explosionsgeschützte Betriebsmittel

 Für rauen Betrieb

 Gefährliche elektrische Spannung

 Staubgeschützt

 Wasserdicht

5 Welche Symbole erwarten Sie auf den folgenden Geräten?

a) Schleifgerät

b) Dampfstrahlgerät

c) Spritzpistole

6 **Benennen und zeichnen Sie die beiden in Aufgabe 5 zu nennenden Symbole, die oben nicht abgebildet sind.**

7 Nennen Sie die **Zeichen auf zugelassenen Elektrogeräten** und ihre Bedeutung.

-
-
-
-

Name: | Klasse: | Datum:

Einteilung der Untergründe

1 Sortieren Sie die Begriffe in das Schaubild ein.

Aluminium – ~~Duroplaste~~ – Eisen – ~~Eisenmetalle~~ – ~~Elastomere~~ – Gips – Gold – Holz – Kunststoffe – Kupfer – Lehm – Metallische Untergründe – Mineralische Untergründe – Naturwerkstoffe – Nichtmetallische Untergründe – Putz – Silber – Stahl – ~~Thermoplaste~~ – ~~Untergründe~~ – Zement – Zink

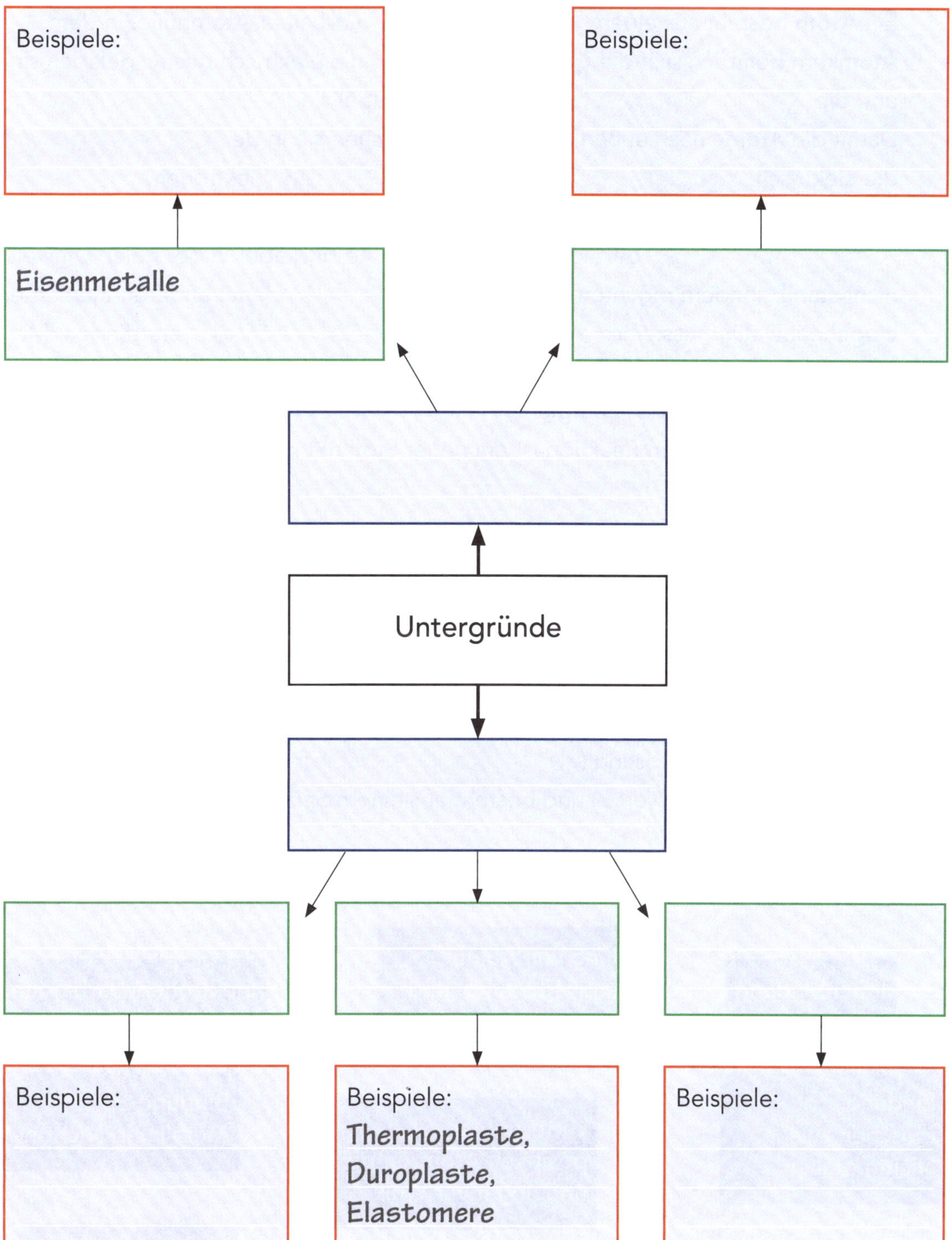

2 Markieren Sie im Schaubild die Untergründe der Lernfelder 1 und 2 mit unterschiedlichen Farben.

Chemische Grundlagen

1 Ergänzen Sie den Lückentext mit den folgenden Begriffen:

Atomhülle – Atomkern – auf – chemische Reaktion – Eigenschaften – Element – gleichen – negativ geladenen – neutral – Neutronen – pH-Wert 0 bis 6 – pH-Wert 8 bis 12 – Protonen – Reinstoff – Sauerstoff – Umkehrung – Verbindung – Wärme – zugeführt

Ein **Atom** besteht aus einem __________ und einer Atomhülle. In dem Atomkern befinden sich die __________, die elektrisch positiv geladen sind, und die __________, die elektrisch neutral sind.
Damit die Atome nach außen neutral sind, brauchen sie in der __________ die elektrisch __________ __________ Elektronen.
Ein **Element** besteht aus vielen __________ Atomen und wird auch als __________ bezeichnet. Viele Elemente sind aber in der freien Umwelt nicht stabil, sondern möchten eine __________ mit anderen Elementen eingehen. Dafür muss eine __________ stattfinden. Man erkennt eine **chemische Reaktion** daran, dass entweder __________ frei wird (exotherm) oder das Energie __________ werden muss (endotherm). Nach einer chemischen Reaktion ist ein neuer Stoff mit neuen __________ entstanden.
Die wichtigsten Reaktionstypen sind die Oxidation, die Reduktion und die Neutralisation. Bei der **Oxidation** reagiert ein __________ mit Sauerstoff (vereinfachte Definition), es gibt also Elektronen ab. Die **Reduktion** ist die __________ der Oxidation. Bei der Reaktion wird __________ abgegeben (vereinfacht), ein Element nimmt also Elektronen __________.
Bei der **Neutralisation** reagiert eine Säure (__________) mit einer alkalischen Lösung (__________). Das Reaktionsprodukt ist __________ (pH-Wert 7) und besteht aus einem Salz und Wasser.

2 **Chemische Verbindungen:** Verbinden Sie jeweils die richtigen drei Felder miteinander. Benutzen Sie dabei für jede Dreiergruppe eine andere Farbe.

- Ionenbindung
- Bildung von Anion (negative Ladung) und Kation (positive Ladung)
- Elektronenpaarbindung
- Bindung zwischen zwei Nichtmetallen
- Gittergerüst mit positiven Atomrümpfen und negativer Wolke
- Bindung zwischen Metall und Nichtmetall
- Bildung von bindenden Elektronenpaaren zu Molekülen
- Metallbindung
- Bindung zwischen zwei Metallen

Name: Klasse: Datum:

Metallische Untergründe

1 Tragen Sie die Lösungen in das Kreuzworträtsel ein.

Hinweis: Verwenden Sie bei Umlauten die Schreibweise Ä, Ö, Ü.

a) Hochwertiger, teurer Stahl
b) Gemisch aus mindestens zwei Metallen
c) Abbaureaktion eines Metalls
d) Umgangssprachlich: oxidiertes Eisen
e) Erster Schritt bei der Bearbeitung von Eisen
f) Folge des Rostens, die zum Abplatzen des Anstrichs führt
g) Wässriges Korrosionsmedium
h) Hinweisbuchstabe G bei der Stahlverwendung
i) Erstes Produkt bei der Stahlherstellung
j) Schützenswerte Eigenschaft von Stahlträgern
k) Optische Eigenschaft von Metallen
l) Ein Eisenmetall
m) Ein Nichteisenmetall
n) Mechanische Eigenschaft von Metallen
o) Physikalische Eigenschaft von Metallen

2 Zählen Sie drei wichtige **Eigenschaften** von Metallen auf, die für Metalle spezifisch sind.

-
-
-

Name: Klasse: Datum:

Herstellung und Eigenschaften von Eisen

Beantworten Sie die folgenden Fragen.
Suchen Sie dann die Begriffe im Wortsuchrätsel.
Die Begriffe können dort von oben nach unten, von unten nach oben, von links nach rechts oder von rechts nach links und auch diagonal stehen.

1. Wie werden Metalle allgemein gewonnen?
2. Wie bezeichnet man das metallische Materialgemenge?
3. Wie nennt man die Reaktion mit Sauerstoff?
4. Wie bezeichnet man den technischen Prozess zur Herstellung von Eisen?
5. Welche Eigenschaft hat Roheisen?
6. Wie nennt man Eisenwerkstoffe mit einem Kohlenstoffgehalt unter 1,7 %?
7. Welche Eigenschaft zeichnet Stahl trotz seiner Härte aus?
8. Wie nennt man das Ergebnis der negativen Eigenschaft des Eisens bzw. Stahls?

H	Q	E	H	R	T	Z	N	G	F	D	U	Z	A	G
J	O	D	E	C	A	E	Ö	F	D	S	E	C	B	S
A	D	C	E	G	S	E	T	L	H	A	T	S	L	S
O	H	O	H	W	D	I	A	H	O	C	E	T	K	E
X	H	A	V	O	F	Ö	T	T	E	Z	Z	T	E	Z
I	T	E	R	C	F	A	Ö	S	E	T	R	W	I	O
D	S	N	R	T	Ö	E	N	M	A	N	E	Z	Ö	R
A	U	T	O	F	R	Y	N	P	Ö	L	B	Ö	K	P
T	U	S	T	Ö	S	A	T	P	V	Q	E	H	N	Z
I	D	O	X	P	R	H	T	M	R	B	O	E	T	L
O	Q	E	R	D	H	B	E	T	I	O	A	G	R	E
N	Ö	Ö	Ä	E	B	Ü	D	T	I	S	Z	F	S	M
Ä	D	T	A	Ü	G	T	W	S	B	T	Ü	E	F	H
E	A	T	R	O	R	O	S	T	A	U	T	D	S	C
W	E	R	F	H	A	L	Ä	T	E	R	T	S	A	S

Name: Klasse: Datum:

Korrosion

1 Schneiden Sie die Dreiecke auf Seite 109 aus und legen Sie sie zu einem großen Dreieck (Trimino).
Zueinander passende Begriffe bzw. Bilder werden dabei aneinandergelegt.
Kleben Sie das richtige Ergebnis auf diese Seite.

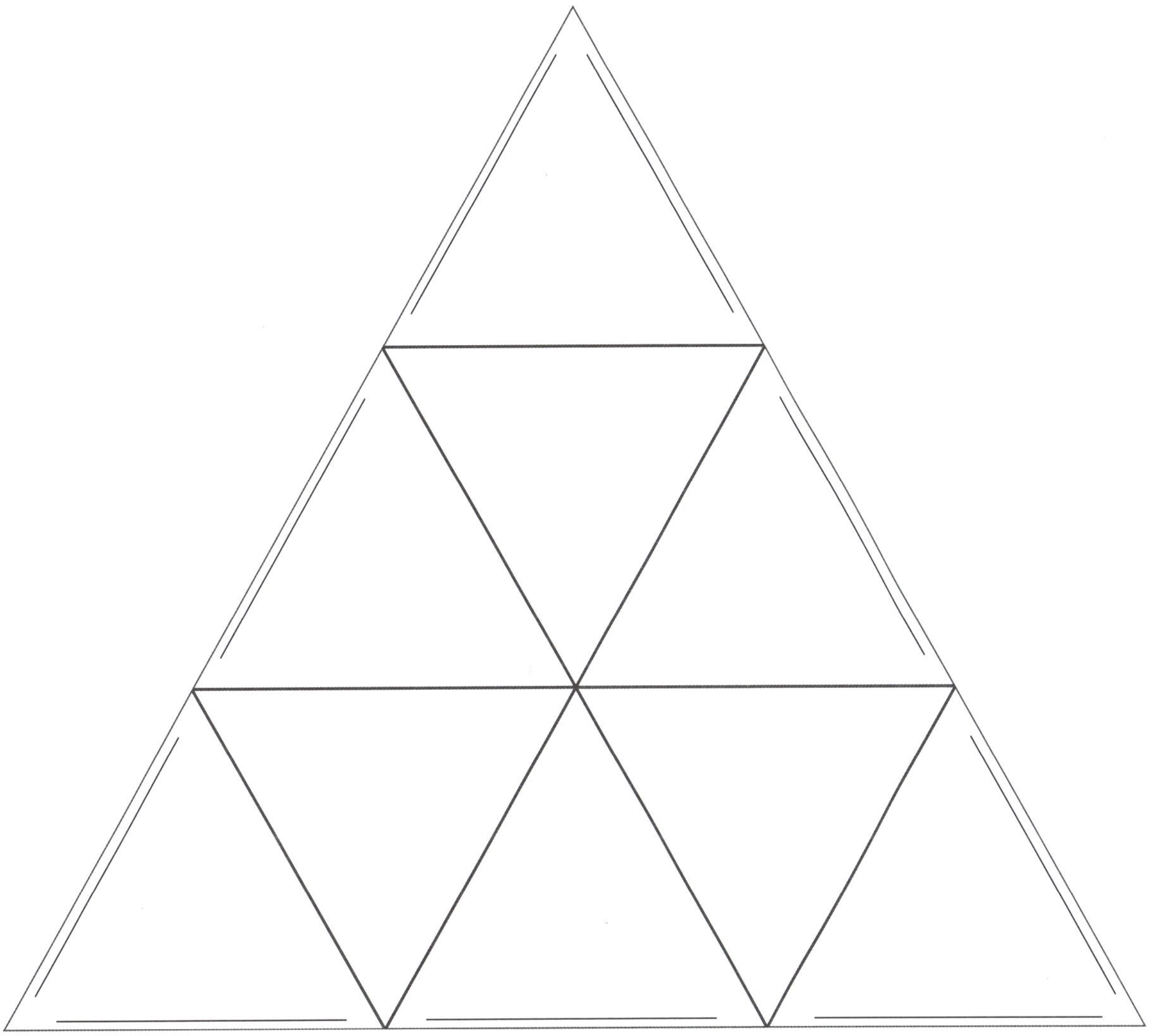

2 Wie ist der Begriff „Korrosion" nach DIN 50 900 definiert?

3 a) Warum neigen Metalle zur Korrosion?

b) Ist diese Neigung immer ein Nachteil?

Name: Klasse: Datum:

Korrosion

4 Erklären Sie die folgenden Begriffe:

Elektrochemische Korrosion:

Chemische Korrosion:

5 Warum ist die Kenntnis über **Rost** bzw. das Erkennen von Rost für einen Maler und Lackierer so wichtig?

Auswirkung von Rost:

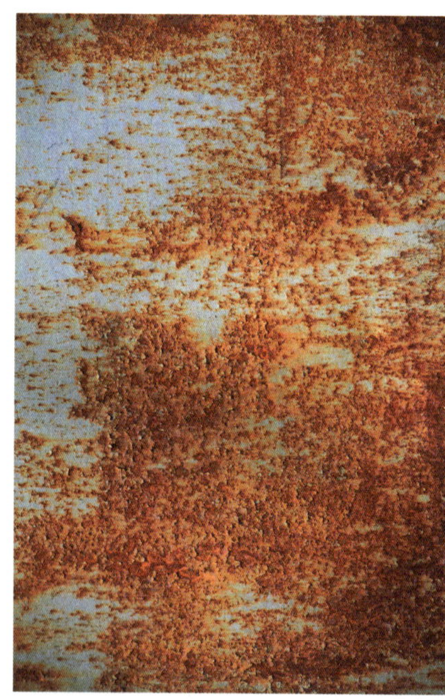

Abhilfe:

6 Kann man schon in der Konstruktionsphase **Korrosionsschutz** ausüben? Begründen Sie Ihre Antwort.

Name: Klasse: Datum:

Korrosion

7 Warum ist es wichtig für Sie, die **elektrochemische Spannungsreihe** zu kennen?

8 Tragen Sie die richtigen Metalle in die Abbildung der elektrochemischen Spannungsreihe ein.
Kennzeichnen Sie die edleren Metalle gelb und die unedleren Metalle rot.

Elektrochemische Spannungsreihe

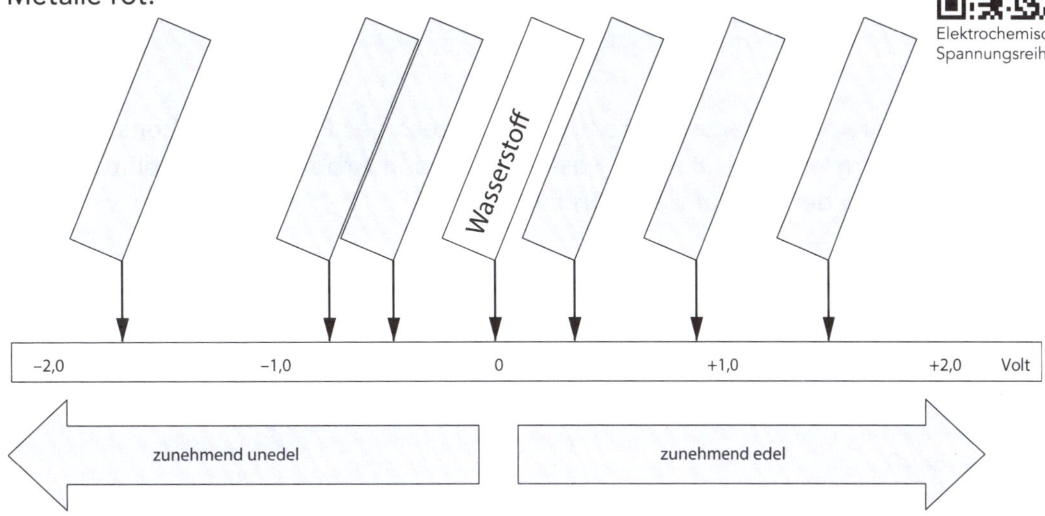

9 Verbinden Sie die **Korrosionsart** mit der entsprechenden Ursache sowie mit der Vermeidung bzw. Beseitigung.
Verwenden Sie unterschiedliche Farben.

Korrosionsart
Flächenkorrosion
Lochfraß
Spaltkorrosion
Kontaktkorrosion

Ursache
Elektrolyt kann in Zwischenräumen nicht abtrocknen
Punktuell beschädigter Metalluntergrund
Zwei Metalle bilden ein galvanisches Element aus
Witterungsbedingt

Vermeidung/Beseitigung
Vor der Beschichtung Rostumwandler auftragen
Richtige Metallwahl, 2- bis 3-fache Beschichtung
Ganzflächig mechanisch beseitigen, 3-fache Beschichtung
Bei der Konstruktion Zwischenräume vermeiden

10 Erklären Sie den Begriff **Zunder**.

Name: Klasse: Datum:

Korrosionsschutz

1 Erklären Sie den Unterschied zwischen aktivem und passivem Korrosionsschutz.

Aktiver Korrosionsschutz

Passiver Korrosionsschutz

2 a) Sortieren Sie die Arbeitsschritte für den Prozess des **Feuerverzinkens**, indem Sie Nummern von 1 bis 8 in die Kästchen bei den Arbeitsschritten eintragen.
b) Gestalten Sie den Ablauf daneben farbig.

	Spülen
	Trockenofen
	Wasserbad
	Flussmittelbad
	Spülen
	Entfetten
	Zinkschmelze
	Beizen

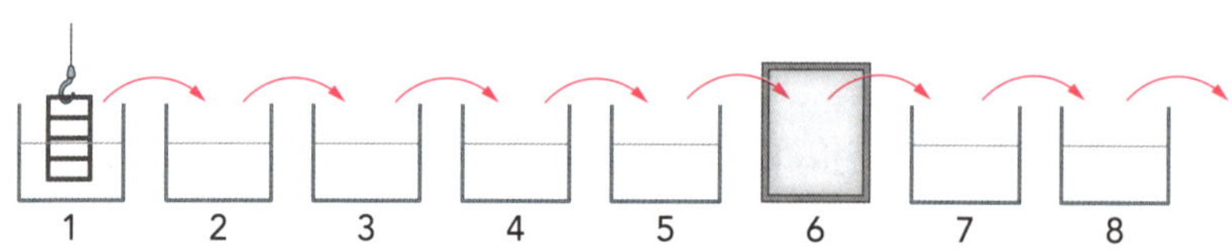

3 Erklären Sie den Begriff **Phosphatierung**.

4 Nennen Sie weitere **Metallüberzüge**.

-
-

5 Wie wird die **Schutzdauer für Beschichtungen** nach DIN EN ISO 12944-1 definiert?

Name: Klasse: Datum:

Prüfung metallischer Untergründe

Untergrundprüfung

1 Ordnen Sie die folgenden **Prüfmethoden** den zu prüfenden Untergrundzuständen zu.
Achtung: Eine Prüfmethode kann mehrmals genannt werden!

Anfassen – Gitterschnitt – Klebebandtest – Kratzprobe – Sichtprüfung

Verschmutzung	Rost	Haftung des Altanstrichs	Bearbeitbarkeit des Altanstrichs

2 Warum ist die **Sichtprüfung** eine so wichtige Prüfung für einen Maler und Lackierer?

3 Wie bestimmen Sie mit der Sichtprüfung die **Rostgrade** an einem beschichteten und an einem unbeschichteten Stahlelement?

Beschichtetes Stahlelement:

Unbeschichtetes Stahlelement:

4 Verbinden Sie die **Rostarten** mit dem entsprechenden Erscheinungsbild (Beschreibung und Bild).
Verwenden Sie für jede Rostart eine andere Farbe.

Rostart	Beschreibung	Bild
Flugrost	durch Reibung an Verbindungen	
Fremdrost	oberflächlich beginnende Rostbildung	
Passungsrost	Rostablagerung von fremden Flächen	

Prüfung metallischer Untergründe

Untergrundprüfung

5 Schneiden Sie die Quadrate auf Seite 111 aus.
Sortieren Sie diese zu Quartetten, die jeweils eine **Prüfmethode** darstellen.
Kleben Sie das richtige Ergebnis im Anschluss auf diese Seite.

Name: Klasse: Datum:

Reinigen und Entrosten metallischer Untergründe

1 Welche Reinigungsverfahren bieten sich für metallische Untergründe an?

-
-
-
-
-

2 Ordnen Sie die folgenden Begriffe den **Reinigungs- und Entrostungsverfahren** zu. Tragen Sie dafür die Begriffe in die richtigen Felder ein.

Ammoniaklösung – Beizen – chemische Entrostung – Drahtbürste – Flammstrahlbrenner – gründliche Nachspülung – gründliche Nachtrocknung – Heißdampf – Industriesauger – maschinelle Nachbehandlung – mechanische Entrostung – Nadelpistole – phosphathaltige Substanzen – Rostumwandler – saugfähiges Vlies – Schaber – Schleifmittel – Silikonentferner – Spülmittel – Staubbesen – Strahlmittel und Druckwasser – thermische Entrostung – Topfdrahtbürste – Winkelschleifmaschine

Entstauben	Entfetten
Schleifen	Netzmittelwäsche
Entrostungsverfahren	

Name: Klasse: Datum:

Entschichten als Untergrundvorbereitung

1 Ergänzen Sie in der Tabelle die Werkzeuge bzw. Werkstoffe für **Entschichtungsverfahren** bei metallischen Untergründen.

Entschichtungsverfahren		Werkzeuge, Werkstoffe
mechanisch	manuell	• • • •
	maschinell	• • • •
	Strahlen	• •
thermisch	Flammstrahlen	
chemisch	Beizen	
	Rostumwandler	

2 Welche **persönliche Schutzausrüstung** empfehlen Sie für die Entschichtungsverfahren?

PSA

Mechanische Verfahren:

Thermische Verfahren:

Chemische Verfahren:

3 Welche **Strahlmittel** für das mechanische Verfahren können zum Einsatz kommen?

- , z. B.
- , z. B.
- , z. B.

Name: Klasse: Datum:

Lackieren metallischer Untergründe

1 Welche Aufgaben kommen den **Schichten** einer handwerklich aufgetragenen Lackierung zu?

Grundierung:
-
-

Zwischenlack/Füller:
-
-
-

Decklack:
-
-

2 Beschreiben Sie die **Einschicht-, Zweischicht-** und **Dreischichtlackierung**. Nennen Sie Verwendungsmöglichkeiten.

Einschichtlackierung:

Verwendung:

Zweischichtlackierung:

Verwendung:

Dreischichtlackierung:

Verwendung:

3 Ordnen Sie den unterschiedlichen **Lackarten** die Verwendungsmöglichkeiten zu.

Lackart
Alkydharzlack
Acryllack
Polyurethanlack
Epoxidharzlack

Verwendung als
Heizkörperlack
Fahrzeuglackierung
Korrosionsschutzgrundierung
Einbrennlack
Klarlack
Baulack
Unterwasseranstrich
Versiegelung von Holzfußböden

Name: Klasse: Datum:

Arbeitsablauf beim Bearbeiten metallischer Untergründe

1 Bringen Sie die 14 **Arbeitsschritte** für die Vorbereitung und Lackierung eines metallischen Untergrundes in die richtige Reihenfolge, indem Sie Nummern von 1 bis 14 in die Kästchen eintragen.

- ☐ Untergrund reinigen (Netzmittelwäsche)
- ☐ Füller auftragen
- ☐ Untergrund reinigen
- ☐ Untergrund entrosten
- ☐ Untergrund reinigen
- ☐ Decklack auftragen
- ☐ Arbeitsplatz aufräumen und säubern
- ☐ Untergrund schleifen
- ☐ Baustelle einrichten
- ☐ Untergrund entfetten
- ☐ Grundierung schleifen
- ☐ Zinkfehlstellen ausbessern mit Zinkstaubgrundierung
- ☐ Untergrundprüfungen durchführen
- ☐ Sicherheitsvorkehrungen für die Bearbeitung festlegen und umsetzen (PSA)

2 Welche **persönliche Schutzausrüstung** tragen Sie bei diesem Auftrag?

-
-
-
-
-

PSA

3 Was ist zu beachten, wenn Sie **2-K-Systeme** verwenden?

-
-
-

2-K-Systeme

4 Warum ist es wichtig, dass bei dem in Aufgabe 1 dargestellten Auftrag die **Zinkfehlstellen** mit einer Zinkstaubgrundierung ausgebessert werden?

Name: Klasse: Datum:

Zinkuntergründe

1 Erklären Sie die **positive Wirkung von Zink** auf Stahl.

2 Welche **problematischen Folgen** kann der Zinküberzug aber auch haben? Verwenden Sie in Ihrer Antwort folgende Begriffe: Zinksalze, osmotischer Druck.

3 Wie können Sie vor dem Beschichten die **Zinksalze** entfernen?

4 Beschreiben Sie die Zusammensetzung des Reinigungsmittels und die Vorgehensweise bei der **Entfernung der Zinksalze**.

5 Welche **persönliche Schutzausrüstung** (PSA) tragen Sie bei der Reinigung von Zinkoberflächen?

-
-
-
-

PSA

6 Woran erkennen Sie die **Zeichen** für Ihre Schutzausrüstung?

Aluminiumuntergründe

1 Welche **Eigenschaften** machen Aluminium zu einem interessanten Werkstoff?

-
-

2 Erklären Sie die **Reaktion von Sauerstoff mit Aluminium** mithilfe der Skizzen.

3 Welche **Untergrundprüfungen** erfolgen bei den unten stehenden Schäden auf Aluminium?
Welche Maßnahmen zur **Beseitigung** schlagen Sie vor?
Ergänzen Sie die Tabelle.

Untergrundprüfung

Schäden	Prüfmethoden	Beseitigung
Mechanische Schäden in der Oxidschicht		
Verunreinigungen Verwitterung		
Beschädigte Altbeschichtung		

4 Nennen Sie **Beschichtungen**, die sich für Aluminiumuntergründe eignen.

Name: Klasse: Datum:

Arbeiten mit technischen Merkblättern

Auf Seite 25 finden Sie ein technisches Merkblatt für eine **Zinkstaubgrundierung**, hier als Beispiel „VESTOZINK".

1 Erstellen Sie eine **Mindmap** aus diesem technischen Merkblatt, um sich einen Überblick über das Produkt zu verschaffen.
Führen Sie hierbei nur die wichtigen Punkte auf, die für Sie bei der Verarbeitung des Materials wichtig sind.

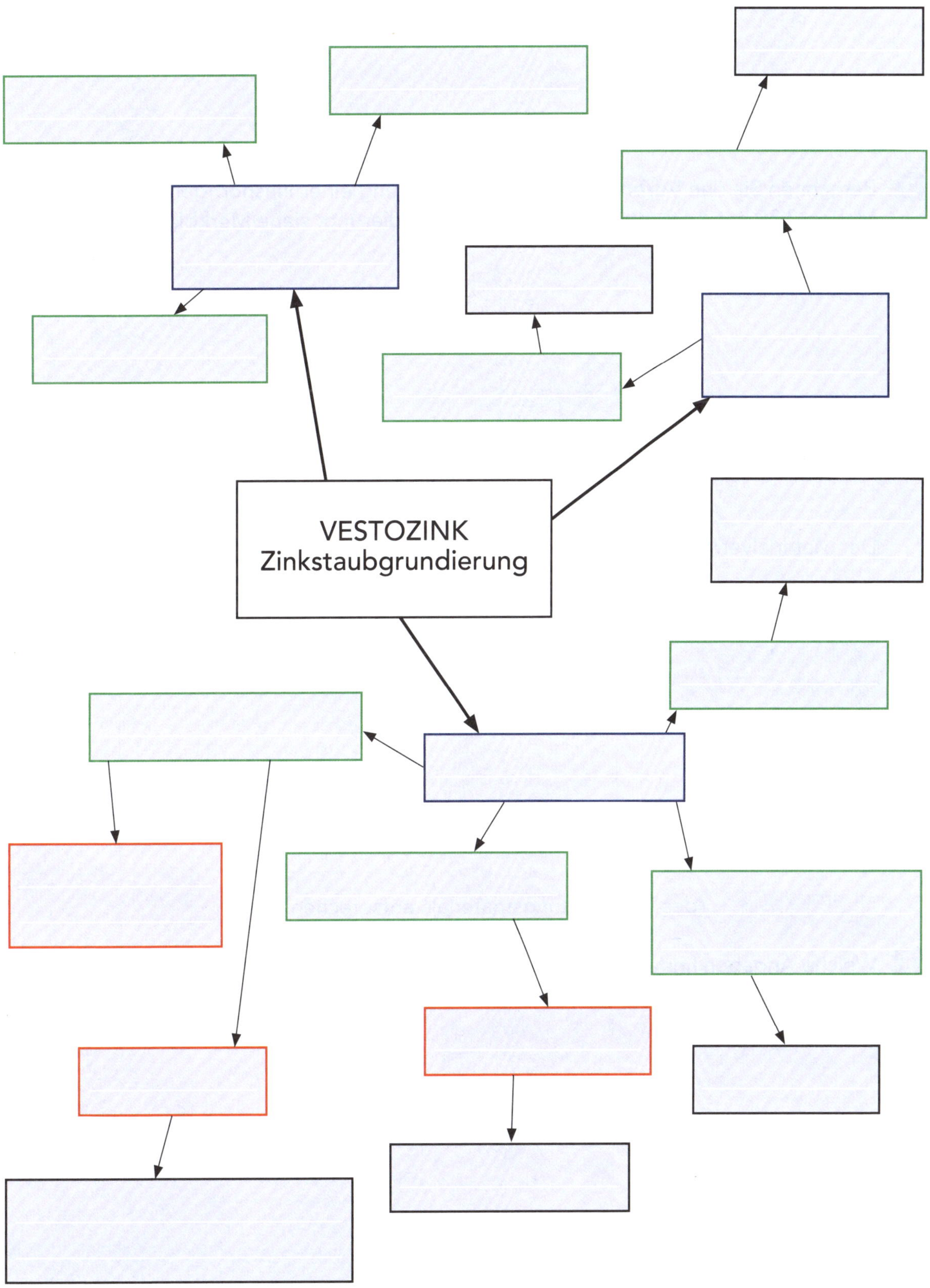

Name: | Klasse: | Datum:

Arbeiten mit technischen Merkblättern

2 Sie finden in dem **technischen Merkblatt** auf Seite 25 folgende Aussage:

„Bei zu dick applizierten Schichten kann nach einer Außenbewitterung oder nach Applikation von Deckbeschichtungen durch Kohäsionsbruch eine Spaltung der zu dicken Zinkstaubbeschichtung auftreten."

Erklären Sie diesen Satz mit einfachen Worten.

3 Berechnen Sie den **Verbrauch** für die Beschichtung einer Nashorngehege-Tür mit Maßen 2,30 m x 1,50 m. Ergiebigkeit der Grundierung: siehe Merkblatt Seite 25.

Der Materialverbrauch für die Türbeschichtung beträgt ____________.

4 Rechnen Sie Ihr Ergebnis aus Aufgabe 3 in Liter um.

____________ des Beschichtungsmaterials entsprechen ____________.

5 Welche Angaben finden Sie im technischen Merkblatt (S. 25) zur **Untergrundvorbehandlung** und zum **Streichen** bzw. **Rollen**?

-
-

Name: Klasse: Datum:

VESTOZINK

1K-EPE-ZINKSTAUB RAPID MG02-

VESTOCOR
PROTECTIVE COATINGS

Produktbeschreibung:
Einkomponenten Grundbeschichtungsstoff auf Basis Epoxidester, lösemittelhaltig. Aktives Pigment: Zinkstaub

Anwendungsbereiche:
Hervorragende aktive Korrosionsschutz-Grundbeschichtung für strahlentrostete Stahlbauobjekte, Behälter, Rohrleitungen in der Petrochemie, dem Bergbau, Stahlwasserbau, im Bereich Schiffsbau usw. Hoher Festkörpergehalt, schnelltrocknend, schwer verseifbar, hohe Süß- und Seewasserbeständigkeit, nach Aushärtung unlöslich in Mineralölen und aliphatischen Kohlenwasserstoffen, gute Witterungsbeständigkeit.

Härter:
Entfällt

Artikelnummern, Farbtöne:
z.B. MG02-0097, grau
Andere Farbtöne auf Anfrage.

Technische Daten (bezogen auf die Mischung):

Flammpunkt:	über +23°C
Viskosität:	strukturviskos
Dichte:	ca. 2,5 g/ml
Mischungsverhältnis:	---
Verarbeitungszeit:	---
Trockenschichtdicken (TSD):	80 µm
Festkörper-Volumen:	ca. 49%
Ergiebigkeit (theor.):	ca. 2,6 m2/kg bei 80 µm TSD
VOC-Wert:	ca. 490 g/l
Organischer Lösemittelgehalt:	ca. 20% Gew.
Temperaturbeständigkeit:	max. +160°C trockene Wärme (Dauerbelastung) max. +180°C trockene Wärme (Spitzenbelastung)

Die angegebenen Technischen Daten unterliegen Schwankungen in Abhängigkeit des Farbtons und des Produktionsverfahrens.

Trockenzeiten:

staubtrocken:	nach ca. 1 Stunde
griffest:	nach ca. 4 Stunden
überarbeitbar:	nach ca. 8 Stunden (spritzen)

Die angegebenen Werte beziehen sich auf die Trockenschichtdicke bei (Normalklima) +20 °C und einer relativen Luftfeuchtigkeit von 55%.

Verarbeitungstemperaturen / Luftfeuchtigkeit:
+5°C bis +35°C

Die Untergrundtemperatur muss mindestens 3°C über dem Taupunkt der Umgebungsluft liegen.
Die relative Luftfeuchtigkeit sollte nicht mehr als 85% betragen.

Verdünnung:
VESTOCOR Universal-Verdünnung VN62-,
auch zum Reinigen der Arbeitsgeräte.

Folgebeschichtungen:
Geeignet sind je nach Anforderung VESTOCOR Produkte auf Basis: VESTOPLAST, VESTOPUR

Untergrundvorbehandlung:
Stahl: Strahlen nach Vorbereitungsgrad Sa 2,5 der DIN EN ISO 12944, Teil 4. Die optimale Haftung von zinkstaubhaltigen Beschichtungsstoffen wird prinzipiell nur erreicht, wenn die Strahlung mit scharfkantigen Strahlgut erfolgt.

Applikationsdaten:
Streichen/Rollen: Bei der Verarbeitung mit dem Pinsel ist der Beschichtungsstoff gleichmäßig und satt aufzutragen und zu verstreichen. Aufgrund der schnellen Trocknung muss zügig gearbeitet werden. Im allgemeinen wird unverdünnt gearbeitet.

Airless-Spritzen: In der Regel in Lieferform, falls erforderlich können max. 5 Gew.-% VESTOCOR Verdünnung zugesetzt werden.

Mindestdruck:	ca. 120 bar
Düse:	ca. 0,33 - 0,48 mm

Ausbessern von Transport- und Montageschäden:
Empfohlene Oberflächenvorbereitung: Fehlstellen strahlen nach PSa 2,5 der DIN EN ISO 12944, Teil 4. Ausbessern mit: VESTOZINK 1K-EPE-Zinkstaub RAPID. Kann aus technischen oder umweltbedingten Gründen nur eine maschinelle Entrostung nach PSt 3 der DIN EN ISO 12944, Teil 4, erfolgen, ist Ausbessern mit VESTOCOR oberflächentoleranten Grundierungen möglich.

Lagerung und Kennzeichnung nach der Gefahrstoffverordnung/Betriebssicherheitsverordnung:
Die Kennzeichnung nach der aktuell gültigen Gefahrstoffverordnung ist den zugehörigen Sicherheitsdatenblättern und Etiketten zu entnehmen.

Lagerfähigkeit:
Stammlack: ca. 12 Monate, bei sachgemäßer Lagerung von +5°C bis +25°C der nicht angebrochenen Gebinde.

Sicherheits- und Schutzmaßnahmen:
Bei der Verarbeitung sind die berufsgenossenschaftlichen Regeln für Sicherheit und Gesundheit bei der Arbeit BGR 500, Kapitel 2.29, sowie die aktuellen EG Sicherheitsdatenblätter, zu beachten. Im flüssigen Zustand sind die Produkte wassergefährdend und dürfen deshalb nicht in Gewässer gelangen. Weitere Angaben sind dem Merkblatt M023 „Polyester und Epoxidharze" der Berufsgenossenschaft zu entnehmen.

Bemerkungen:
Bei zu dick applizierten Schichten kann nach einer Außenbewitterung oder nach Applikation von Deckbeschichtungen durch Kohäsionsbruch eine Spaltung der zu dicken Zinkstaubbeschichtung auftreten. Höhere Schichtdicken als 150 µm sind deshalb zu vermeiden.
Die Angaben und Empfehlungen in Wort und Schrift entsprechen dem heutigen Stand unserer Kenntnisse und dienen zur Information des Käufers. Sie entbinden den Käufer nicht, die Produkte auf ihre Eignung und Verwendung zu prüfen. Eine einwandfreie Qualität gewährleisten wir im Rahmen unserer allgemeinen Geschäftsbedingungen. Hiermit verlieren alle früheren Technischen Merkblätter ihre Gültigkeit.

VESTOCOR
PROTECTIVE COATINGS

VESTOCOR GmbH . Im Fuhlenbrock 120 . 46242 Bottrop/Germany
Tel. +49 (0)2041.559061 . **Fax.** +49 (0)2041.51195 . **I** www.vestocor.com . **E** post@vestocor.com

STAND: 10/2012

Name: Klasse: Datum:

Arbeitssicherheit

1 Lösen Sie das Sudoku. Wie lautet das Lösungswort?
Mögliche Buchstaben: A – C – E – H – M – S – T – U – Z

		A		M	8	H		
A	H	1					Z	E
5		Z	S			U		12
3	T					15	U	
9	6		A	U	T		3	
	C			10			A	
		T	E		U	S	7	
C	S	4			14		E	H
		H	2	Z		A		

1	2	3	4	5	6	7	8	9	10	11	12	13	14	15	16
										N					N

2 Welche Bestandteile gehören zur **persönlichen Schutzausrüstung** (PSA) eines Malers und Lackierers?

-
-
-
-
-
-
-

PSA

3 Welche **Arten von Schildern** verstecken sich hinter den sechs Abbildungen?

Name: Klasse: Datum:

Unfallverhütungsmaßnahmen: Leitern und Gerüste

1 Nennen Sie die Arten von **baustellenüblichen Leitern und Gerüsten**.

Leitern:

Gerüste:

2 Was beachten Sie aus sicherheitstechnischen Gründen bei der Benutzung einer **Sprossenstehleiter**?

-
-
-
-
-
-
-

3 Nennen Sie die Sicherheitsregeln bei der Verwendung eines **Fahrgerüstes**.

Beim Verfahren von Fahrgerüsten	Beim Arbeiten auf Fahrgerüsten

Name: Klasse: Datum:

Unfallverhütungsmaßnahmen: Leitern und Gerüste

4 Ordnen Sie den Piktogrammen die richtigen **Sicherheitsmaßnahmen** beim Aufstellen und Benutzen von Leitern zu.

Leitern und Tritte auf ebenem und tragfähigem Untergrund aufstellen

Anlege-, Schiebe- und Mehrzweckleitern nur bei mindestens 1 m Überstand und bauseitigen Festhaltemöglichkeiten übersteigen

Leitern nicht bei widrigen Witterungsbedingungen nutzen (z. B. Regen, Schnee)

Bei weichen Untergründen (Erde, Gras) mit Stahlspitzen in den Boden rammen

Anlegeleitern in einem Winkel von 65 bis 75° anlegen

Vor Benutzung auf sicheres Einrasten achten

Nur an sichere Flächen anlehnen

Beim Übersteigen besteht erhöhte seitliche Kippgefahr

Die Spreizsicherung bei Stehleitern immer spannen

Die obersten Sprossen nicht betreten

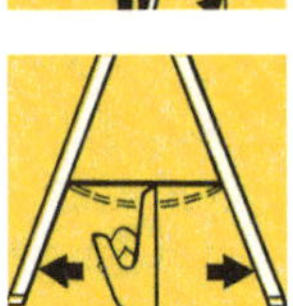

Beim Arbeiten auf der Leiter nicht hinauslehnen

Name: Klasse: Datum:

Putz

1 Die Zusammensetzung von mineralischem Putzmörtel bestimmt seine **Eigenschaften**. Ergänzen Sie folgende Tabelle.

Bestandteil von Putzmörtel	Aufgaben und Eigenschaften
Bindemittel, z. B. • Kalk (Luft- und Wasserkalkmörtel) • _____ • Zement • Gipsmörtel	• stellen die Verbindung zum Putzträger her (_____ kraft) • stellen die Verbindung zwischen den einzelnen Bestandteilen her (Kohäsionskraft) • bestimmen die _____, Saugfähigkeit und Alkalität
Gesteinskörnung/Zuschlagstoffe	• Verschiedene Korngrößen bestimmen die Oberflächen _____ des Putzes • Der Sand dient als Füllstoff
Zusatzstoffe, z. B. • _____ mittel • _____ mittel	• verbessern die _____ • _____ unerwünschte Eigenschaften
Wasser	• dient der Verarbeitbarkeit des Putzes

2 Setzen Sie folgende Wörter im Text zum **Mischungsverhältnis** von Putzmörtel ein:

Absanden – fettem – große – Haltbarkeit – Hohlräume – mageres – Mischungsverhältnis 1:3 – porös – Porosität – Rissbildung – wenig – Zwischenräume

Bei einem Putzmörtel im richtigen _____, 1 Raumteil Bindemittel und ca. 3 Raumteile Sand, berühren sich die einzelnen Sandkörner zwar noch, aber die _____ werden ganz mit Bindemittel ausgefüllt. Beim Durchtrocknen schrumpft das Bindemittel zusammen. Es entstehen kleine _____, die eine leichte _____ des Putzes bewirken. Ändert man das Mischungsverhältnis, z. B. 1:7, so entsteht ein _____ Gemisch. Den 7 Raumteilen Sand wird zu _____ Bindemittel zugesetzt. Es entstehen nach dem Trocknen _____ Hohlräume. Der Putz ist zu _____, er neigt zum _____, da die Sandkörner ungenügend gefestigt sind.
Bei zu _____ Gemisch, z. B. 1:1, können sich die Sandkörner nicht mehr gegenseitig berühren. Beim Trocknen schrumpft auch hier das Bindemittel. Der harte Putz neigt zur _____, die sogar die _____ des Putzes infrage stellt.

3 Zur Herstellung eines **Kalkmörtels** im Mischungsverhältnis 1:3 werden 4 Raumteile Kalk verwendet.
Wie viele Raumteile Sand werden dem Kalk zugegeben?

Dem Kalk werden _____ Sand zugegeben.

Name: _____ Klasse: _____ Datum: _____

Putz

4 Aus welchem Grund werden bei größeren Putzarbeiten häufig **Werkmörtel** eingesetzt?

- Werkmörtel werden in Säcken oder Silos auf die Baustelle gebracht und man gibt nur noch die ______________________ zu.
- Werkmörtel stellen eine gleichbleibende ______________ sicher, da sich die Zusammensetzung der Bestandteile im Verlauf der Arbeit nicht ändern kann.

5 Beschriften Sie die Abbildung zur **Karbonatisierung** im Kalkkreislauf.

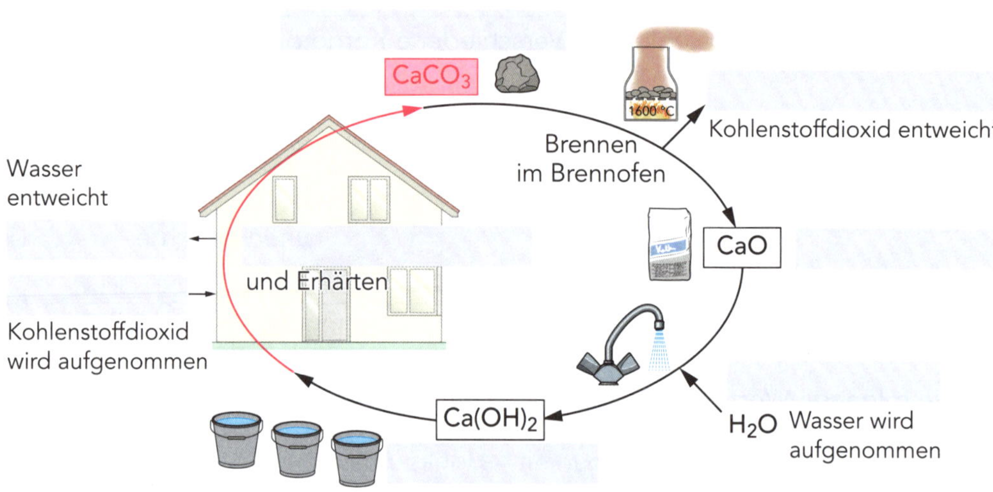

6 Die DIN EN 998-1 beschreibt den **erhärteten Mörtel** und teilt ihn in Kategorien ein. Welche Eigenschaften werden mit CS, W und T beschrieben?

CS I bis CS IV	W0 bis W2	T1 und T2

7 Recherchieren Sie zu den verwendeten **Bindemitteln**.

a) Wie viele Mörtelgruppen gibt es?

b) Welche Mörtelart hat die höchste Alkalität?

c) Welche Mörtelart darf nur als Innenputz eingesetzt werden?

d) Welche Mörtelarten dienen als Außenputz?

e) Welche Mörtelgruppen sind stark saugend?

f) Welche Mörtelgruppen haben eine hohe Festigkeit?

g) Welche Mörtelarten gehören in die Mörtelgruppe PI?

Name: Klasse: Datum:

Putz

8 Lösen Sie das Kreuzworträtsel zum Thema **Putz**, indem Sie die folgenden Fragen beantworten.

Hinweis: Verwenden Sie bei Umlauten die Schreibweise Ä, Ö, Ü.

a) Welches hydraulische Bindemittel führt nach 28 Tagen zu hoher Festigkeit des Putzmörtels?
b) Wie müssen Werkmörtel gelagert werden?
c) Welcher Bestandteil ist der wichtigste im Putzmörtel?
d) Womit können Sie die Alkalität des Putzes feststellen?
e) Welche Eigenschaft hat nur die Mörtelgruppe P IV?
f) Welche Aufgabe hat Putz schon sehr lange?
g) Welcher Zusatzstoff des Putzmörtels neigt zum Ausblühen?
h) Welche Auswirkung hat zu viel Bindemittel im Putzmörtel?
i) Die Erhärtung von hydraulischem Kalk und Zement nennt man …
j) Welches Prüfverfahren wenden Sie an, wenn Sie die gleichmäßige Saugfähigkeit überprüfen wollen?
k) Mit welchem Zeichen werden alle in der DIN EN 998-1 genannten Produkte ausgestattet?
l) Worauf prüfen Sie den Untergrund, wenn Sie die Schnittprobe und den Klebebandtest anwenden?
m) Fachbegriff für Anhangskräfte
n) Fachbegriff für das Entstehen von Hohlräumen in Putzmörtel
o) Der Putzmörtel sandet leicht. Mit welchem Mittel können Sie ihn festigen?

Name: Klasse: Datum:

Prüfung des Putzes

Wie heißen die dargestellten **Untergrundprüfmethoden** und was lässt sich mit ihnen erkennen?

Untergrundprüfung

Prüfmethode:

Erkennen:

Prüfmethode:

Erkennen:

Prüfmethode:

Erkennen:

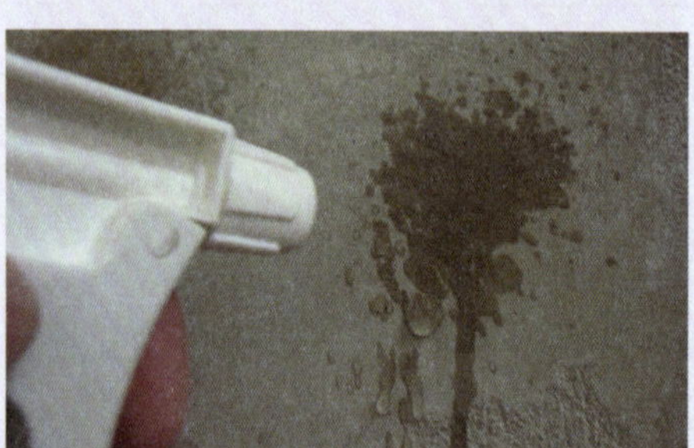

Prüfmethode:

Erkennen:

Prüfmethode:

Erkennen:

Name: Klasse: Datum:

Lesen technischer Zeichnungen

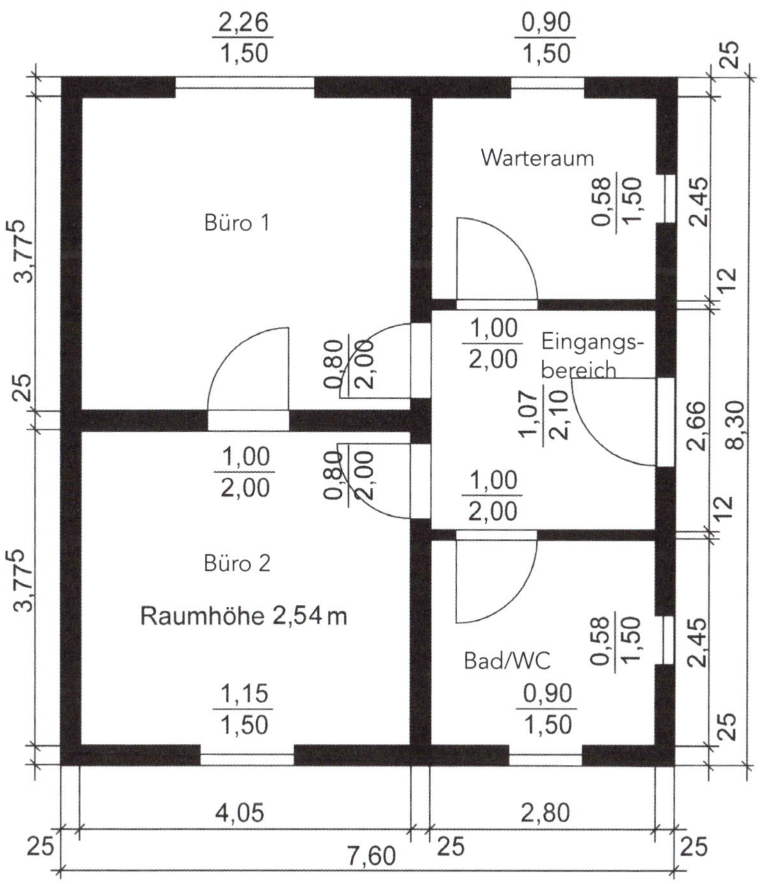

1 Beantworten Sie folgende Fragen mithilfe des **Grundrisses** des Versicherungsbüros Amisia:

a) Wie viele Fenster sind im oben dargestellten Grundriss zu finden?

b) Wie hoch sind die einzelnen Räume?

c) Wie dick sind die Außenmauern?

d) In welchem Raum ist das breiteste Fenster?

e) Wie breit ist die Eingangstür?

f) Nennen Sie die Außenmaße des Grundrisses.

g) Wie dick ist die Mauer zwischen Warteraum und Flur?

h) Wie viele Türen sind 2,00 m hoch?

i) Welches Innenmaß hat das Bad?

j) Welcher Raum hat eine Länge von 2,66 m?

k) In welchen Räumen befinden sich die schmalsten Fenster und wie breit sind diese?

l) Welche Innenmaße haben die Büros?

m) Wie hoch ist die Eingangstür?

n) Welche Höhe haben alle Fenster?

Name: Klasse: Datum:

Lesen technischer Zeichnungen

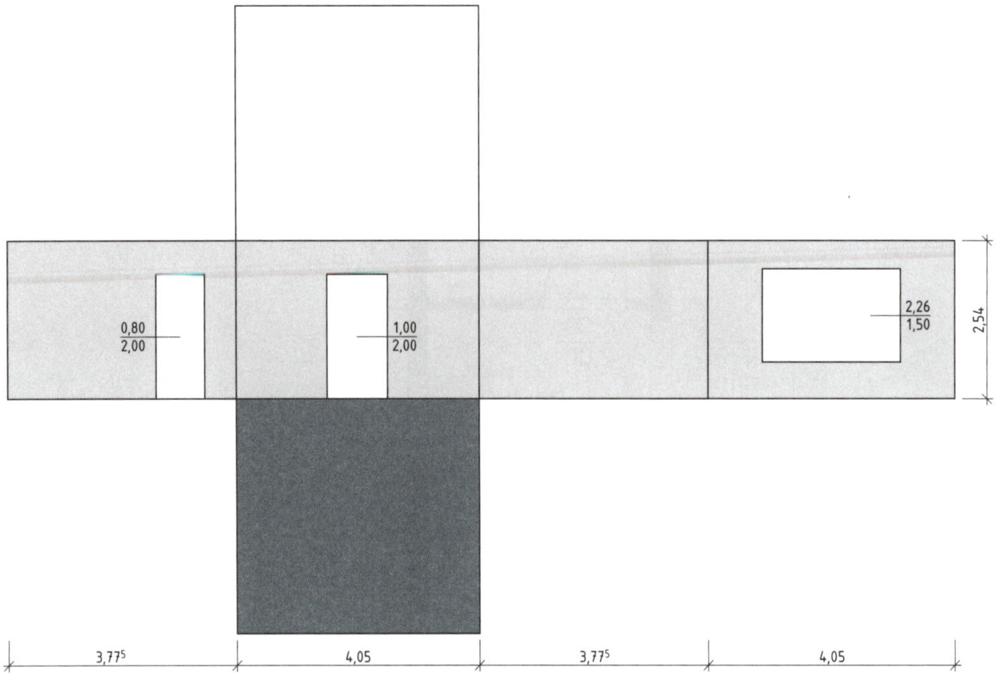

2 Die **Raumabwicklung** zeigt einen Raum des Versicherungsbüros Amisia (siehe Grundriss vorhergehende Seite).

a) Welcher Raum wurde hier abgewickelt?

b) In welchem Maßstab wurde die Zeichnung angefertigt?

3 Nennen Sie Gründe, warum Räume abgewickelt dargestellt werden.

4 a) Erstellen Sie für mindestens einen weiteren Raum des Versicherungsbüros Amisia eine Abwicklung auf einem separaten Blatt Papier.
Wählen Sie einen anderen Maßstab, z. B. 1:50.

b) Wie hoch wäre jedes Fenster im Maßstab 1:50 zu zeichnen?

Im Maßstab 1:50 wäre jedes Fenster ________ hoch zu zeichnen.

Name: | Klasse: | Datum:

Gipsspachtel

Sie sollen eine **Gipskartonwand** für die anschließende Tapezierung vollflächig spachteln.

1 Notieren Sie, welche Materialien und Werkzeuge Sie benötigen.

Materialien
-
-

Werkzeuge
-
-
-

2 Berechnen Sie die **Fläche** der Gipskartonwand, die Sie spachteln sollen.

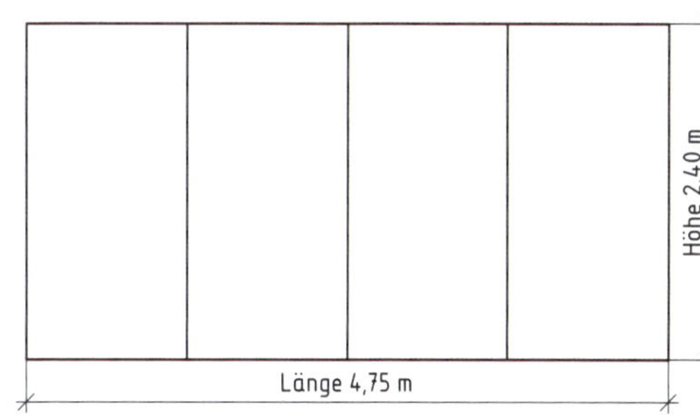

Die zu spachtelnde Gipskartonfläche beträgt .

3 Sie entnehmen dem technischen Merkblatt des Gipspulvers:
- Verbrauch bei 1 mm Auftragsstärke: 1 kg/m²
- Mischung mit 1,8 bis 2,2 VT (Volumenteilen) Pulver zu 1 VT Wasser ansetzen

a) Die Auftragsstärke beträgt 1 mm.
Sie rühren für die Verspachtelung der Wand (siehe Aufgabe 2) eine geschmeidige **Spachtelmasse** mit 2 VT Pulver an.
Wie viel kg Gipspulver und wie viel l Wasser (1 l Wasser ≙ 1 kg) benötigen Sie?

Für die Verspachtelung der Wand werden Pulver und Wasser benötigt.

b) Wie viel wiegt die angerührte Spachtelmasse?

Die angerührte Spachtelmasse wiegt insgesamt .

Gipsspachtel

4 Berechnen Sie, wie viel l Wasser Sie bei einem Verhältnis von 1,8 VT, 2,1 VT und 2,2 VT Pulver zu 1 VT Wasser benötigen.
Die restlichen Angaben sind genau wie in Aufgabe 3, Seite 35.

Bei 1,8 VT Pulver zu 1 VT Wasser:

Bei 2,1 VT Pulver zu 1 VT Wasser:

Bei 2,2 VT Pulver zu 1 VT Wasser:

5 Die Gesamtmenge der angerührten Spachtelmasse aus Aufgabe 3 beträgt 100 %.
Wie viel % Wasser sind in der angerührten Spachtelmasse bei einem Mischungsverhältnis von 2:1 enthalten?

In der angerührten Spachtelmasse sind ______ Wasser.

6 Beschreiben Sie, wie Gipsspachtel anzurühren ist.

-
-

Hinweis zum **Gesundheitsschutz**:

-
-

7 Worauf achten Sie beim Anrühren von Gipsspachtel in Bezug auf die **Topfzeit**?

Name: Klasse: Datum:

Tapezierwerkzeuge und Tapeten

1 a) Benennen Sie die abgebildeten **Tapezierwerkzeuge**.
b) Schreiben Sie ein Schlagwort als **Verwendungshinweis** hinter die Bezeichnung.

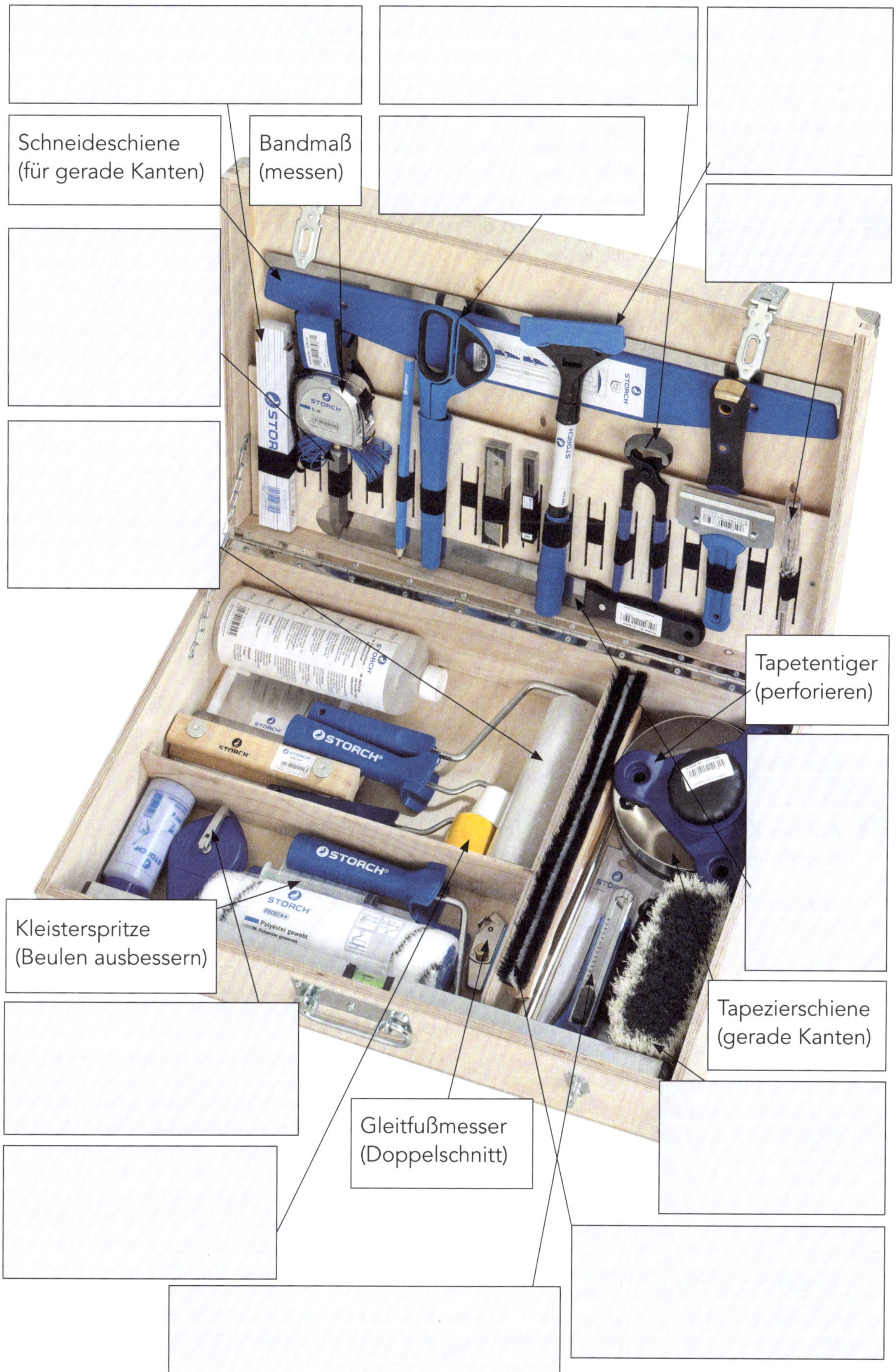

Name: Klasse: Datum:

Tapezierwerkzeuge und Tapeten

2 Welche **Werkzeuge** und **Hilfsmittel**, die Sie nicht im Tapezierkoffer finden, stellen Sie zusätzlich bereit, damit ein Zimmer reibungslos vorbereitet und tapeziert werden kann?

-
-
-
- falls vorhanden:

-
-
-
- bei Bedarf:

3 Ordnen Sie den Fotos von **Tapeten** die richtige Bezeichnung zu, indem Sie Bild und Bezeichnung mit einer Linie verbinden.

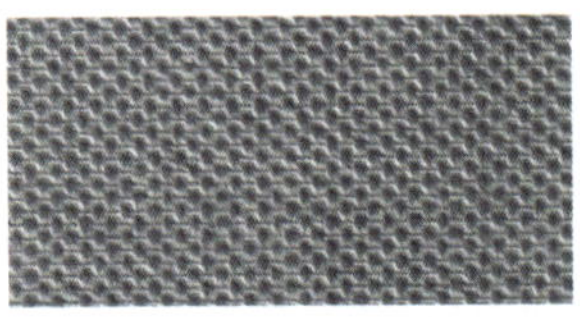

Strukturvliestapete

Raufasertapete

Glasgewebetapete

Makulaturpapier

4 Auf der **Kleisterpackung** (200 g) finden Sie folgende Angabe.
Beschreiben Sie, was sie bedeutet.

„Ansatz 1:20": ________________.

5 Eine geöffnete Packung Kleister (200 g) muss immer vollständig verbraucht werden.
Wie viel l Wasser benötigen Sie zum Ansetzen des Kleisters?
Beachten Sie, dass g und ml bei Wasser fast gleich sind.

Es werden zum Ansetzen ________ Wasser benötigt.

Name: Klasse: Datum:

Berechnung des Tapetenbedarfs

Sie bekommen den Auftrag, die Wände eines WG-Zimmers mit Raufaser zu tapezieren.
Maße (in cm):

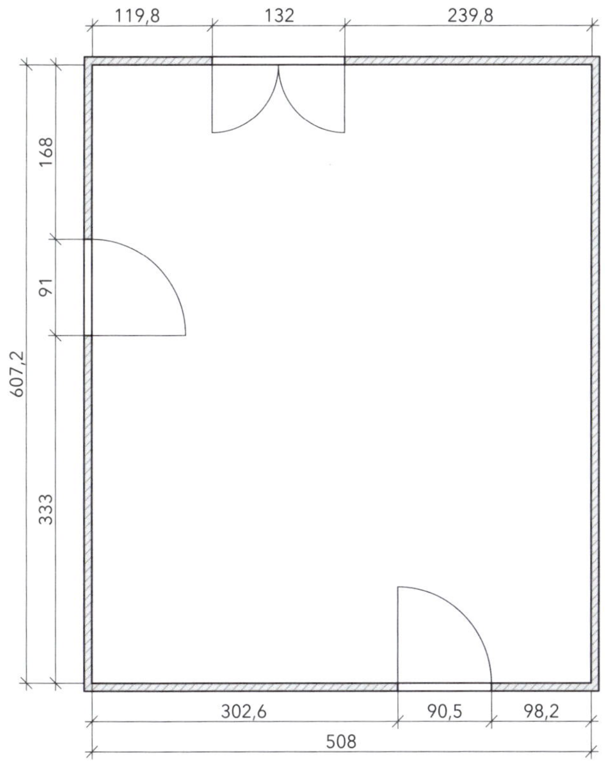

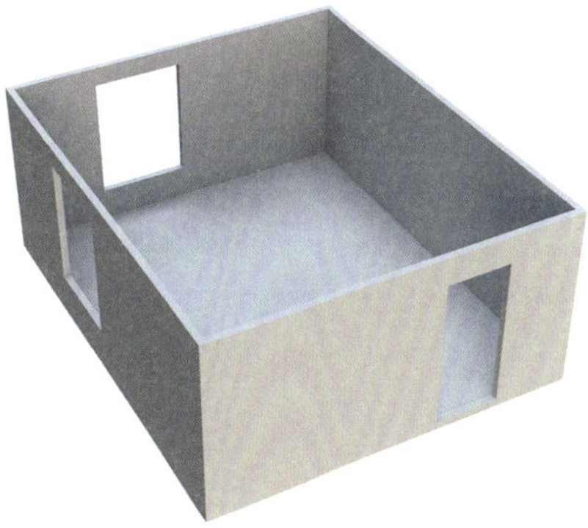

Höhenangaben:
Wand: 250 cm
beide Fenster: 174 cm
Tür: 208,5 cm

Rollenabmessung Raufaser:
33,50 m · 0,53 m

Kartoninhalt: 6 Rollen

1 Berechnen Sie die zu tapezierende **Wandfläche** (2 Rechtecke mal 2).

Wandfläche innen insgesamt:

Die zu tapezierende Gesamtfläche beträgt ______ .

2 Berechnen Sie den **Tapetenbedarf** für das WG-Zimmer in Bahnen und Rollen.
Planen Sie pro Bahn eine Verschnittzugabe von 10 cm ein.

Bahnenanzahl:

Bahnen pro Rolle:

Rollenbedarf:

Für das WG-Zimmer werden etwa ______ Bahnen bzw. ______ Rollen Raufasertapete benötigt.

Name: Klasse: Datum:

Untergrundvorbereitung für das Tapezieren

1 Nennen Sie mögliche **Hilfsmittel/Lösungen** und **Werkzeuge** zum Entfernen alter Tapete.

Mögliche Hilfsmittel/Lösungen:

-
-
-

Werkzeuge:

2 Wie **entsorgen** Sie die alte Tapete richtig und wie nicht?

Richtig:

Falsch:

3 Welche **Eigenschaften** muss ein **Untergrund** haben, damit er tapeziert werden kann?
Notieren Sie außerdem, wie Sie diese Eigenschaften erreichen können.

Untergrundprüfung

Untergrundeigenschaft	Zustand erreichbar durch …

Name: Klasse: Datum:

Vorarbeiten vor dem Tapezieren

1 Was **prüfen** Sie bei Tapetenrollen **vor** dem Zuschneiden der ersten Bahn?

-
-
-

2 Die Tapetenrollen haben in Deutschland meist identische **Abmessungen**. Wie lauten die Abmessungen in Deutschland für die nachfolgend genannten drei Rollenarten?

Europarolle:

Raufaser Normalrolle:

Raufaser Großrolle:

3 Ordnen Sie die **Piktogramme** den Angaben und Verarbeitungshinweisen vom Beipackzettel der Raufasertapete zu.

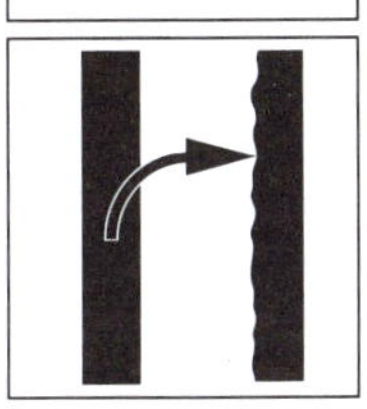
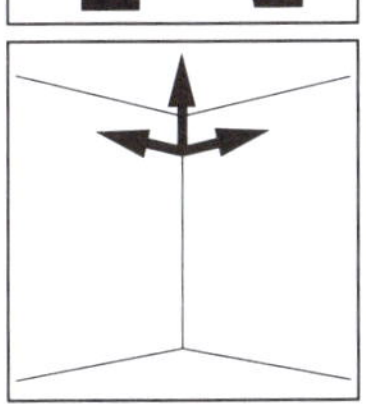

diffusionsoffen

egalisierend

für Wände und Decken

Kleisterauftrag auf Tapete

mehrfach überstreichbar

nass zu entfernen

stoßfest

Weichzeit beachten

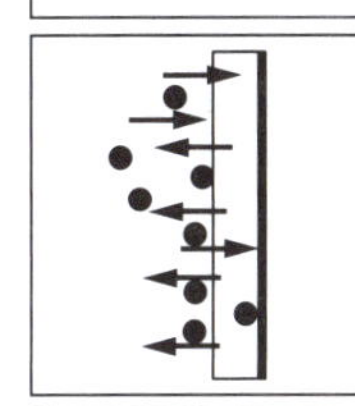

4 Beschreiben Sie, wie die **erste Bahn eingelotet** wird und welche Hilfsmittel Sie dafür benötigen. Wenn Sie Hilfe brauchen, schauen Sie sich den Videoclip an.

Tapezieren

Name: Klasse: Datum:

Vorarbeiten vor dem Tapezieren

5 Beschreiben Sie, was das Wort **Rapport** bedeutet, das Sie manchmal auf Beipackzetteln finden.

6 Zeichnen Sie mit Pfeilen ein, wie Sie die Tapetenbahn mit der Deckenbürste **einkleistern** und dann zum Weichen **zusammenlegen**.

7 Die **Einweichzeit** bei Raufasertapete beträgt etwa ______.

8 Eigentlich sollten Sie mit zwei Kollegen das WG-Zimmer tapezieren. Sie haben bereits ausgerechnet, dass Sie zu dritt 5 Stunden brauchen würden. Nun werden Ihre beiden Kollegen vom Chef für eine andere Baustelle eingeplant.
Wie lange benötigen Sie alleine für den Auftrag?

Allein benötigen Sie ______ Stunden zum Tapezieren des WG-Zimmers.

9 Die zu tapezierende Fläche eines Zimmers beträgt 54,15 m^2.
Eine 200-g-Packung Spezialkleister reicht laut technischem Merkblatt für 26 m^2.
Wie viele Packungen Kleister nehmen Sie mit?

Es werden ______ Packungen Spezialkleister benötigt.

10 Mit Ihren zwei Kollegen verarbeiten Sie in 8 Stunden 75 l Dispersionsfarbe.
Wie viel l Dispersionsfarbe verarbeiten Sie alleine in der Hälfte der Zeit?

Ein Maler verarbeitet in 4 Stunden ______ Dispersionsfarbe.

Name: | Klasse: | Datum:

Abkleben und Abdecken

1 Nennen Sie vier **Gründe**, warum Sie Ihren Arbeitsbereich in Privaträumen eines Kunden sorgfältig abkleben und abdecken.

Abkleben und Abdecken

2 Wie können Sie übermäßigen **Abfall** bei Abklebe- und Abdeckarbeiten vermeiden?

3 Ermitteln Sie: Ist das Abdecken von Gegenständen in Privaträumen eine **Nebenleistung** oder eine **besondere Leistung** nach VOB Teil C, DIN 18 363? Wie wird diese Leistung abgerechnet?

Auszug aus VOB Teil C

4 Ordnen Sie den Untergründen das für das Abkleben am besten geeignete **Klebeband** oder die beste **Abdeckmethode** zu.

Untergrund
Holz
Metall
Mineralischer Untergrund (Beton, Klinker)
Kunststoff

Klebeband bzw. Abdeckung
Weichmacherbeständige Schutzbänder aus Polyethylen (PE) beugen einer Weichmacherwanderung aus Kunststoffen vor
Klebebänder mit einer möglichst geringen Klebkraft
Möglichst keine Folienabdeckmaterialien benutzen, unter denen sich Kondenswasser bilden kann, weil dadurch die Korrosion beschleunigt würde
Stark klebende Klebebänder in Kombination mit einem Klebebandpolster

Name: Klasse: Datum:

Tapezieren mit Raufasertapete

1 Woraus besteht eine Raufasertapete?

2 Verbinden Sie die **Vorbereitungsschritte** beim Tapezieren mit den passenden Ergänzungen.

Vorbereitung
Haftfestigkeit des Untergrunds prüfen
Eingepackte Tapetenrolle prüfen
Benötigte Tapetenbahnen berechnen
Tapetenbahnen prüfen (mehrere Zuordnungen!)
Zuschneiden, einkleistern und weichen lassen

Ergänzungen
Raumumfang ÷ Tapetenbreite
Auf Druck-, Farb-, Papierfehler prüfen
Seitenvergleich: Zwei Rollen einer Anfertigungsnummer 1,50 m ausrollen, Stoß an Stoß nebeneinanderlegen und Stöße vergleichen
glatt, sauber, trocken, pH-neutral
Fächerprobe: Mehrere Rollen einer Anfertigungsnummer 1,50 m ausrollen und vergleichen
ausreichende Liefermenge, übereinstimmende Anfertigungsnummern
Beim Weichen die Bahn im Verhältnis 2:1 zusammenlegen und locker einrollen

3 Notieren Sie alle **Arbeitsschritte** beim Tapezieren eines Zimmers mit Raufasertapete der Reihenfolge nach.

a) Zimmer begutachten, Untergrund prüfen, Maße nehmen.

b) Erste Bahn

c)

d)

e)

f)

g)

h)

Name: Klasse: Datum:

Beschichtungssysteme

1 Ergänzen Sie die Übersicht über Beschichtungssysteme mit den Begriffen im Kasten.

Alkydharzlacke – Bodenbeläge – Dispersionsfarben – Glasfaser – Raufaser – Silikatfarben – Tapeten – Vlies – Wandbekleidung – „Wasserlacke"

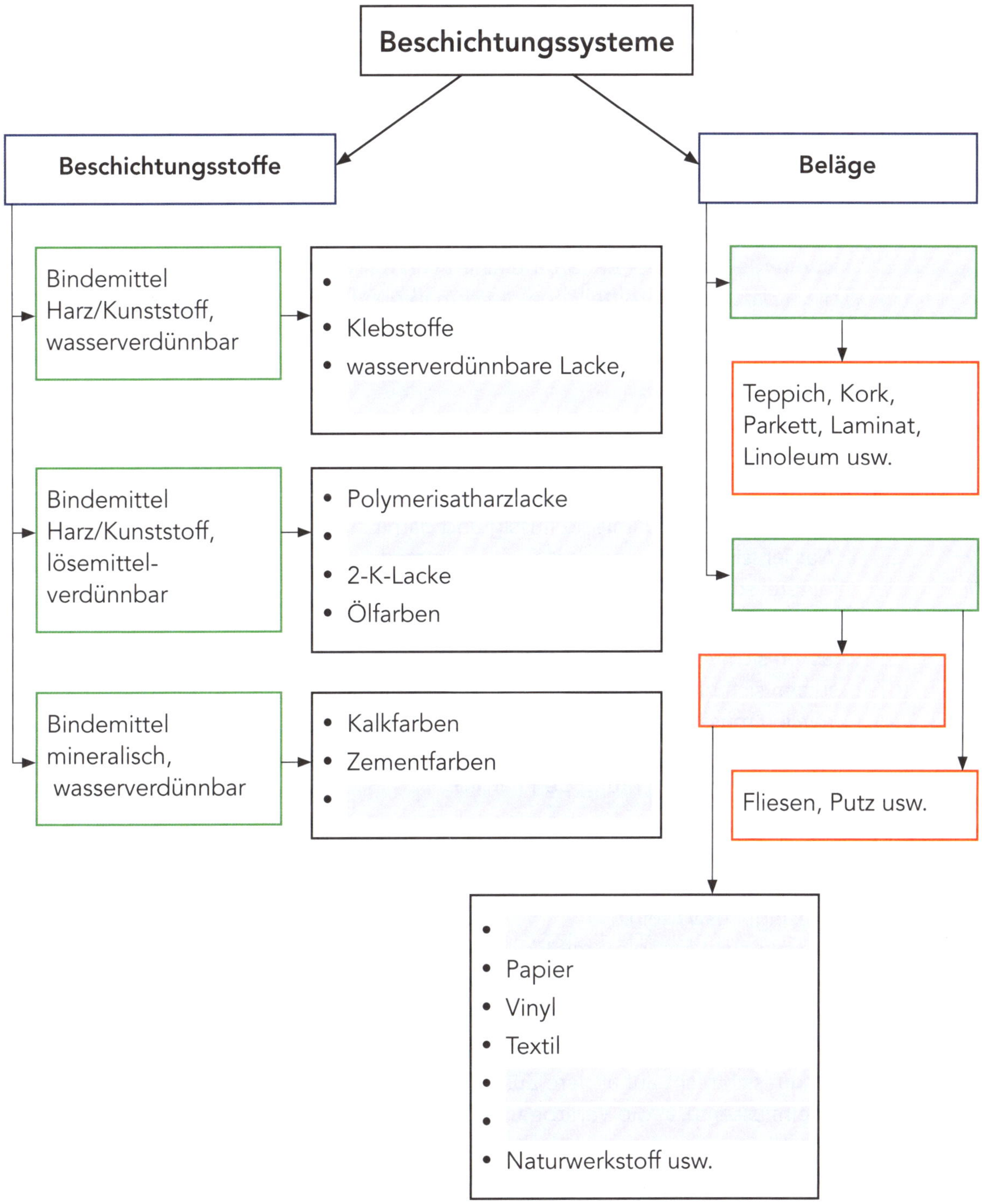

2 Wie wird die **Kraft** genannt, die zwischen zwei Körpern wirkt und dafür sorgt, dass die Beschichtung oder der Belag auf dem Untergrund haftet?

Name: Klasse: Datum:

Zusammensetzung von Kunststoffdispersionen

1 Nennen Sie die **Bestandteile** von Kunststoffdispersionen.

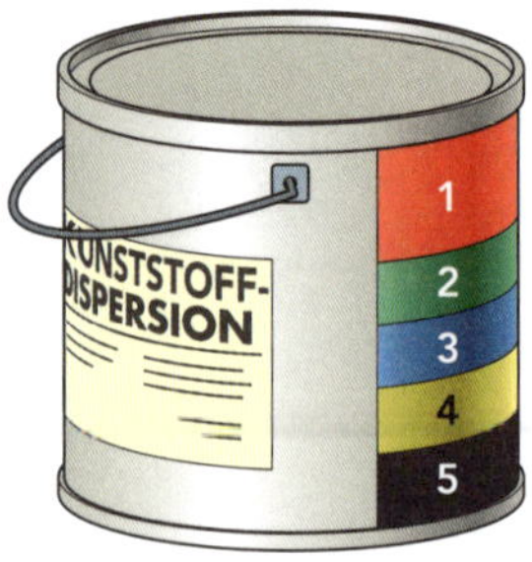

1
2
3
4
5

2 Kreuzen Sie jeweils die drei richtigen Antworten an und streichen Sie die falsche durch.

a) Das Bindemittel …
- ☐ … ist der wichtigste Bestandteil in einem Beschichtungsstoff.
- ☐ … ist ein Klebstoff, der ein Stoffteilchen von nur einer Seite benetzt.
- ☐ … dient dazu, dass Stoffteilchen gleichmäßig auf einem Untergrund verklebt werden.
- ☐ … benetzt Stoffteilchen von allen Seiten gleichmäßig.

b) Das Lösemittel …
- ☐ … löst die Pigmente in der Beschichtung auf, damit die Beschichtung farbig wird.
- ☐ … muss nach der Verarbeitung der Beschichtung wieder vollständig verdunsten.
- ☐ … löst Bindemittel, damit sie flüssig und damit streichbar werden.
- ☐ … Wasser ist Verdünnungsmittel für Kunststoffdispersionen, Leime/Kleister, mineralische Bindemittel und wasserverdünnbare Lacke.

c) Pigmente …
- ☐ … lassen sich von Lösemitteln und Bindemitteln nicht lösen.
- ☐ … setzen sich nicht ab, weshalb Farben mit Pigmenten nicht aufgerührt werden müssen.
- ☐ … sind feste Bestandteile in Blättchen- oder Stäbchenform.
- ☐ … geben der Beschichtung den Farbton.

d) Füllstoffe …
- ☐ … strecken die Beschichtung und erhöhen somit die Schichtdicke.
- ☐ … können mineralisch (Kreide, Quarzmehl usw.) oder künstlich (Kieselgel usw.) sein.
- ☐ … müssen nicht komplett mit Bindemittel benetzt werden.
- ☐ … färben geringer und sind größer als Pigmente.

e) Zusatzmittel …
- ☐ … bleiben dauerhaft in der ausgehärteten Dispersion oder verflüchtigen sich.
- ☐ … wirken sich nicht auf andere Zusatzmittel aus.
- ☐ … beeinflussen u. a. die Verarbeitung, Trocknung und Belastbarkeit der Beschichtung.
- ☐ … können Weichmacher, Antischaummittel, Konservierungsmittel oder Emulgatoren sein.

3 Recherchieren Sie mithilfe Ihres Fachbuchs weitere **Zusatzmittel**, die in Aufgabe 2 e) noch nicht genannt wurden.

Name: | Klasse: | Datum:

Beschichtungsaufbau

1 Ein Beschichtungssystem mit Beschichtungsstoffen besteht meist aus mehreren Schichten.
Färben Sie die Schichten des dargestellten Beschichtungssystems unterschiedlich ein. Schreiben Sie mit den gleichen Farben die Bezeichnungen der Schichten (siehe Kasten) in richtiger Reihenfolge von unten nach oben daneben.

Decklack/Schlussbeschichtung – Grundierung – Untergrund – Vorlack/Füller/Zwischenbeschichtung

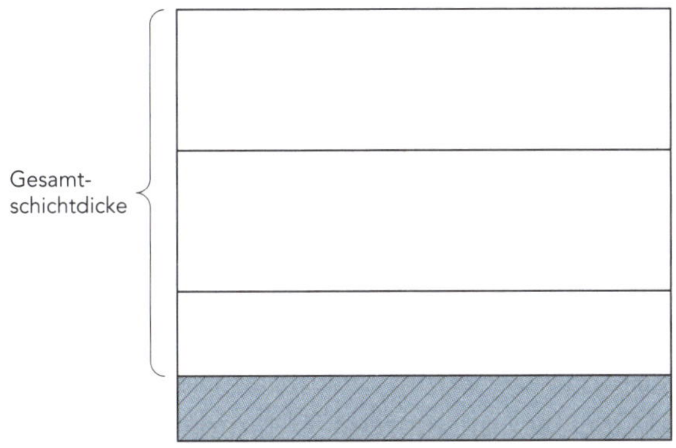

-
-
-
-

2 Beantworten Sie die folgenden Fragen mit Stichpunkten.

a) Welche Aufgaben erfüllen **Grundierungen**?
Nennen Sie 4 Aufgaben.

-
-
-
-

b) Warum werden oft **Zwischenbeschichtungen** aufgetragen?
Nennen Sie 3 Gründe.

-
-
-

c) Nennen Sie 2 Gründe, warum ein **Decklack** aufgetragen wird.

-
-

Name: Klasse: Datum:

Beschichtungsaufbau

3 1 µm entspricht 0,001 mm. Berechnen Sie die Gesamtschichtdicke in mm.

a) Grundierung 80 µm, Zwischenbeschichtung 120 µm, Schlussbeschichtung 140 µm

b) Grundierung 50 µm, Zwischenbeschichtung 110 µm, Schlussbeschichtung 120 µm

c) Grundierung 75 µm, Zwischenbeschichtung 100 µm, Schlussbeschichtung 160 µm

4 a) Die Gesamtschichtdicke soll 150 µm betragen. Wie viel mm dick muss die Zwischenbeschichtung sein, wenn Grundierung und Decklack zusammen 97 µm dick sind?

b) Vorgeschriebene Gesamtschichtdicke: 230 µm. Die Grundierung ist 50 µm dick und die Zwischenbeschichtung 130 µm. Wie dick muss die Schlussbeschichtung sein?

5 Rechnen Sie die folgenden Größen in µm um.

a) 4 mm b) 20 dm c) 134 mm d) 17 m e) 67 cm f) 11,5 dm

6 Ergänzen Sie die Umrechnungstabelle. Wie lautet der jeweilige Umrechnungsfaktor?

km	m	dm	cm	mm	µm
1					10^9 =
			10 000		
		100			
	1				
0,0001		1		100	
0,00001			1		10 =
0,000001				1	1 000
0,0000001	0,0001				100

1 000				

Name: Klasse: Datum:

Trocknung von Beschichtungsstoffen

1 a) (Knifflig!) Lesen Sie sich die Texte zu den drei Trocknungsvorgängen von Beschichtungsstoffen genau durch.
b) Entwickeln Sie daraus jeweils ein anschauliches Schaubild. Zeichnen Sie das Schaubild unter den jeweiligen Text.

Als Hilfe können Sie folgende Zeichen verwenden:
Lösemittel/Wasser   Sauerstoff   Bindemittel   Kunststoffteilchen

Physikalische Trocknung
Leimfarbe, Kleister oder Nitrolack trocknen, indem das in der Farbe enthaltene und zwischen den Bindemittelmolekülen eingelagerte Lösemittel (z. B. Wasser/Aceton/ Testbenzin) verdunstet. Das verdunstende Lösungsmittel wird auch flüchtige organische Verbindung genannt. Das Bindemittel verbindet sich nicht zu Makromolekülen und wird nicht verändert. Deshalb wird auch von einer physikalischen Trocknung gesprochen. Die Verdunstungszahl gibt an, wie schnell das Lösemittel verdunstet, und damit, wie schnell die Farbe trocknet (z. B. Diethylether 1, Wasser 80).

Aggregatzustand: reversibel   Aggregatzustand:

Chemische Trocknung/oxidative Trocknung
Einige Farben trocknen, indem sie Sauerstoff aus der Luft aufnehmen und diesen zwischen die vielen Bindemittelmoleküle einlagern. Bindemittelmoleküle können zum Beispiel sehr kleine Ölmoleküle sein, da Öl ein Bindemittel ist. Ist Öl- oder Alkydharzlack im Aggregatzustand „flüssig" und wird verarbeitet, sind die Moleküle sehr klein. Trocknet die Farbe, nimmt sie Sauerstoff aus der Luft auf und lagert diesen zwischen den Molekülen ein. Eine chemische Reaktion findet statt, bei der sich die einzelnen Moleküle verbinden und zu Makromolekülen werden. Der Trocknungsvorgang dauert sehr lange.

Aggregatzustand: flüssig   Aggregatzustand: fest

Kalter Fluss
Einkomponentige Dispersionsfarben, -lacke, -kleber und reine Kunststoffputze trocknen rein physikalisch. Den Trocknungsvorgang nennt man „kalter Fluss". In einer flüssigen Dispersion sind Kunststoffteilchen sehr fein im Wasser verteilt. Trocknet die Beschichtung, verdunstet das Wasser. Die Kunststoffteilchen rücken dadurch immer dichter zusammen und verschmelzen. Durch dieses Ineinanderverschmelzen der Kunststoffteilchen entsteht eine filmbildende Schicht, die sich kalt anfühlt.

Aggregatzustand: Aggregatzustand:

Trocknung von Beschichtungsstoffen

2 Erklären Sie die folgenden **Fachbegriffe**, die Sie in den Texten gelesen haben.

Molekül – Makromolekül:

Aggregatzustand:

Verdunsten:

Einkomponentig – zweikomponentig:

Einkomponentige Farben/Lacke bestehen aus

Zweikomponentige Farben/Lacke bestehen aus

Flüchtige organische Verbindungen:

Name: Klasse: Datum:

Trocknung von Beschichtungsstoffen

3 Berechnen Sie die folgenden **Nass-** bzw. **Trockenschichtdicken**.
Verwenden Sie die angegebenen Formeln und geben Sie die Dicke ohne Dezimalzahlen an.

$$\text{Nassschichtdicke} = \frac{\text{Trockenschichtdicke in µm} \cdot 100\ \%}{\text{Festkörper in }\%}$$

$$\text{Trockenschichtdicke} = \frac{\text{Nassschichtdicke in µm} \cdot \text{Festkörper in }\%}{100\ \%}$$

a) Die Trockenschichtdicke soll 320 µm betragen.
Die Beschichtung verringert sich bei der Trocknung um 39 %.
Wie hoch muss die Nassschichtdicke sein, damit die Trockenschichtdicke erreicht wird?
Berechnen Sie zunächst den Festkörperanteil.

Die Nassschichtdicke beträgt __________.

b) Bei einer Beschichtung beträgt der nicht flüchtige Anteil 67 %.
Sie tragen die Beschichtung im nassen Zustand 278 µm dick auf.
Wie hoch ist die Trockenschichtdicke?

Die Trockenschichtdicke beträgt __________.

c) Sie haben eine Beschichtung 256 µm dick aufgetragen und messen nach der Trocknung eine Trockenschichtdicke von 170 µm.
Um wie viel Prozent hat sich die Beschichtungsdicke verringert?

Die Beschichtungsdicke hat sich um __________ verringert.

d) Ein Beschichtungssystem besteht aus den folgenden Nassschichtdicken:
Grundierung: 46 µm; eine Zwischenbeschichtung: 75 µm; Schlussbeschichtung: 84 µm
Die Anteile nicht flüchtiger Verbindungen betragen jeweils 73 %.
Berechnen Sie die Nassschichtdicke in mm und die Trockenschichtdicke in µm.

Die Nassschichtdicke beträgt __________, die Trockenschichtdicke __________.

Name: Klasse: Datum:

Pigmente

1 Ergänzen Sie den Lückentext mit den Begriffen im Kasten.

anorganische – Azurblau – Bleiweiß – Eisenoxidrot – Erdpigmente – Füllstoffe – Mineralpigmente – natürlich – organische – Pigmenteigenschaften – Sepia – synthetisch – Teerpigmente – Tier- – Ton

Pigmente können ______ oder ______ (künstlich) hergestellt in ______ und ______ Pigmente eingeteilt werden. Anorganische natürliche Pigmente sind zum Beispiel ______ wie Kreide, ______ oder Ocker. Anorganische synthetische Pigmente werden auch ______ genannt und sind zum Beispiel ______, Chromgelb oder ______. Zu den organischen natürlichen Pigmenten, auch ______ und Pflanzenpigmente genannt, gehören Karminlack, ______ oder Indigo. Auch organische Pigmente können künstlich hergestellt werden und nennen sich ______. Dazu gehören Signalrot, ______ oder Anilinschwarz. Oft werden den Pigmenten sogenannte ______ hinzugefügt, welche das Pigmentvolumen strecken beziehungsweise vergrößern. Sie helfen, die ______ zu verbessern.

2 **Erklären Sie die im Text vorkommenden Begriffe anorganisch und organisch und nennen Sie jeweils zwei Beispiele.**

anorganisch:

Beispiele:

-
-

organisch:

Beispiele:

-
-

3 Nennen Sie sechs **Eigenschaften** von Pigmenten.

-
-
-
-
-
-

Name: Klasse: Datum:

Untergründe – Überblick

1 Benennen Sie die Materialien bzw. Untergründe im **Innenbereich**.

Die Wand besteht aus

Die Wand besteht aus

Der besteht aus Kunststoff

Der Heizkörper besteht aus

Der Fußboden besteht aus

2 Auch im **Außenbereich** beschichtet der Maler und Lackierer Untergründe aus Nichtmetallen.
Nennen Sie Beispiele für mineralische Untergründe, Holz-, Holzwerkstoff- und Kunststoffuntergründe im Außenbereich.

Mineralische Untergründe	Holz und Holzwerkstoffe	Kunststoff

3 Bei der Auswahl von **Grundierungen** geht es um die **Saugfähigkeit** von Untergründen.
Welche Untergründe können aufgrund von Kapillaren oder offenen Poren saugen?
Welche Untergründe sind dicht? Kreuzen Sie an.

Untergrund	Der saugfähige Untergrund braucht eine eindringende Grundbeschichtung	Der dichte Untergrund benötigt eine haftvermittelnde Grundbeschichtung
Putzmörteluntergund		
Lamellenzaun		
Kunststofffensterrahmen		
Sichtbetonfassade		
Heizkörper		

4 Welche **Schäden** an Gebäuden und Bauteilen können entstehen, wenn sich die Poren in Putzen oder Steinen mit Feuchtigkeit füllen?
Nennen Sie drei Schäden.

-
-
-

Name: Klasse: Datum:

Faserzementplatten

1 Dieses Haus wurde mit Faserzementplatten modernisiert. Wie werden Faserzementplatten **hergestellt?**

Zement, Kunststofffasern und Wasser werden gemischt. Sie werden unter ________ zu Platten und Tafeln gepresst. Dem Gemisch kann man Farbpigmente zugeben. So erhält man gefärbte Faserzementplatten.

2 Nennen Sie drei **Vorteile**, die Faserzementplatten bieten.

-
-
-

3 Die Fassade dieses Hauses soll mit Faserzementplatten (Maße 0,60 m x 0,30 m) vollflächig modernisiert werden.
Fenster und Türen werden bei der Berechnung nicht berücksichtigt.

Rechnerische Abwicklung:

$$A = (14{,}80 + 10{,}40) \cdot 2 \cdot 8{,}60 + 2 \cdot \frac{10{,}40 \cdot 6{,}20}{2} = 497{,}92\ m^2$$

Zeichnerische Abwicklung:

a) Berechnen Sie, wie viele Faserzementplatten für diese Fassade benötigt werden.

Ohne Verschnitt benötigt der Maler ________ Platten.

b) Die Verlegetechnik führt zu 15 % **Verschnitt**.
Berechnen Sie die Anzahl der benötigten Platten einschließlich Verschnitt.

Für die Fassadenfläche werden ________ Faserzementplatten benötigt.

Name: | Klasse: | Datum:

Beton als Untergrund

1 Aus welchen **Hauptbestandteilen** setzt sich Beton zusammen?

-
-
-

2 Benennen Sie die abgebildeten **Betonarten**.
Ergänzen Sie jeweils zwei Merkmale oder Eigenschaften dieser Betonart.

Betonart:

-
-

Betonart:

-
-

Betonart:

-
-

3 Welche Aufgaben haben die unterschiedlichen **Gesteinskörnungen**?

4 Definieren Sie den **W/Z-Wert**.

Name: Klasse: Datum:

Beton als Untergrund

5 Ergänzen Sie die fehlenden Begriffe im Lückentext zu den **Eigenschaften von Beton.**

Zement braucht zum Erhärten eine bestimmte Wassermenge:
ca. ______ des Zementgewichtes.
Je mehr überschüssiges Wasser verdunstet, desto mehr saugende Poren entstehen.
Mit zunehmendem Wasser-Zement-Wert nehmen die Festigkeit und die ______ des Betons ab.
Ist der Wasser-Zement-Wert zu hoch, trocknet der Beton zu schnell aus.
______ sind die Folge.

6 Warum geht die **rostschützende Wirkung** im Stahlbeton verloren?
Ergänzen Sie die Beschreibung des Vorgangs. Nehmen Sie das Schaubild zur Hilfe.

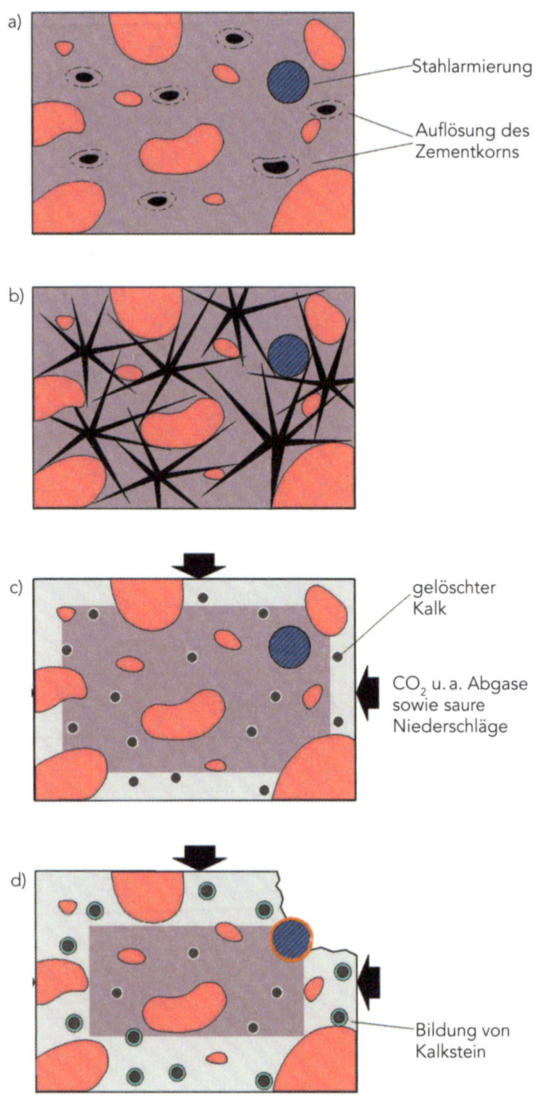

a) Bildung von Zementleim
Zementleim erstarrt nach 1 bis 3 Stunden und ist nach ca. 28 Tagen erhärtet. Der Wasseranteil wird verbraucht und es kommt zur

b) Bildung von Zementkristallen
Die Kristalle wachsen, werden länger und verfilzen. Dadurch erhält der Beton seine Härte. Beim Aushärten entsteht auch gelöschter Kalk, der die Stahlarmierung gegen Korrosion schützt.

c) Verlust der ______

-
-

d) Rosten der Stahlarmierung
Durch die Volumenvergrößerung platzt der ______ ab.

Name: Klasse: Datum:

Gefährliche Arbeitsstoffe

1 Nennen Sie die Bedeutung der Abkürzungen **AGW** und **BGW**.

AGW: BGW:

2 Wie sind AGW und BGW bemessen?

3 Wie wird **ermittelt**, ob bei einem gefährlichen Arbeitsstoff der AGW oder der BGW überschritten ist?

AGW:
BGW:

4 Was bedeuten diese **Kennzeichen**, die dem AGW beigefügt werden können? Verbinden Sie.

H	Feinstaub, der in die Lunge eindringt
Y	Risiko der Fruchtschädigung kann auch bei Einhaltung der Grenzwerte bestehen
Z	Einatembare Stoffe
E	Fruchtschädigung muss bei Einhaltung der Grenzwerte nicht befürchtet werden
A	Aufnahme über die Haut

5 Erläutern Sie die Angaben, die für **Stoffkonzentrationen** gebräuchlich sind.

ppm:
ppb:
ppt:

6 Vervollständigen Sie den Satz: Je die Grenzwerte für einen gefährlichen Arbeitsstoff sind, desto ist der Arbeitsstoff.

7 Formulieren Sie den Satz aus Aufgabe 6 mit Ihren eigenen Worten.

8 Welche Hinweise enthält das **Etikett** eines Behälters mit gefährlichen Arbeitsstoffen?

-
-
-
-
-

Name: Klasse: Datum:

Hautschutz

1 Von der Deutschen Gesetzlichen Unfallversicherung (DGUV) gibt es einen **Hand- und Hautschutzplan.**

Drucken Sie diesen aus und füllen Sie ihn für Ihren Ausbildungsbetrieb aus. www.handwerk-technik.de/links/96101

Hautschutzplan

2 Recherchieren Sie im Internet über die menschliche Haut, z. B. bei der DGUV.
Beantworten Sie mithilfe der gefundenen Informationen die folgenden Fragen.

http://www.dguv.de/medien/fb-psa/de/regelwerk/leitlinien/information_haut.pdf

Information Haut

3 Die Haut **schützt** das Körperinnere vor Einflüssen von außen, z. B. während Ihrer Arbeit. Nennen Sie drei mögliche Einwirkungen sowie je ein Beispiel dafür.

- Einwirkungen, z. B.
- Einwirkungen, z. B.
- Einwirkungen, z. B.

4 Nennen Sie neben der Schutzfunktion zwei weitere **Funktionen der Haut.**

-
-

5 Wie ist der **pH-Wert** einer gesunden Haut?
Kreuzen Sie an.

☐ ca. 3,0, d. h. sauer
☐ ca. 5,5, d. h. leicht sauer
☐ ca. 5,5, d. h. leicht alkalisch
☐ ca. 7,0, d. h. neutral
☐ ca. 8,5, d. h. leicht sauer

6 Warum ist es wichtig für Sie als **Arbeitnehmer**, dass Ihre Haut gesund bleibt?

7 Warum ist es bei normaler Verschmutzung der Haut nach einer Tätigkeit **nicht** sinnvoll, eine **Waschpaste mit Schleifpartikeln** zu verwenden?

8 In einem Hautschutzplan ist nicht nur die Reinigung, sondern auch die **Pflege** vor und nach der Belastung festgehalten.
Begründen Sie dies.

Name: Klasse: Datum:

Holz und Holzwerkstoffe

1 Holz ist ein natürlicher Rohstoff.
Von welchen fünf Faktoren hängen die **Eigenschaften des Holzes** ab?

Die Verwitterung des Holzes beginnt mit der Baumfällung

-
-
-
-
-

2 a) Finden Sie unter den Begriffen im Kasten Überschriften für die drei Spalten.
b) Ordnen Sie die übrigen Begriffe den Abbildungen zu.

Birke – Buche – Douglasie – Eiche – Fichte – Holzwerkstoffe – Kastanie – Kiefer – Kirschbaum – Lärche – Laubhölzer – Leimholzplatte – MDF-Platte – Nadelhölzer – OSB-Platte – Pinie – Spanplatte – Sperrholzplatte – Stabsperrholzplatte – Tanne – Ulme

Nadelhölzer	Laubhölzer	Holzwerkstoffe

3 Welche **Holzwerkstoffe** können aus dem abgebildeten Rohstoff hergestellt werden?

4 Definieren Sie **Holzwerkstoffe**.

Name: Klasse: Datum:

Holz und Holzwerkstoffe

5 Nennen Sie zwei **Vorteile** und zwei **Nachteile**, die Holz als natürlicher Werkstoff hat.

Vorteile:

-
-

Nachteile:

-
-

6 Wodurch entstehen **Risse im Holz**?
Ergänzen Sie die Sätze.

Risse entstehen durch ______ im Holz.
Sie bilden sich schon im Baum oder beim Trocknen, beim ______
und durch ______.

7 Nennen Sie einen großen **Vorteil von Holzwerkstoffen** gegenüber natürlichem Holz.

8 Vervollständigen Sie die Tabelle.

Wichtige Nutzhölzer in einer Übersicht

Bezeichnung	Nadel- / Laubholz	Herkunft	Verwendung
Kiefer		Europa	Bauholz, Fenster
Birke		Europa	Sperrholz, Furniere
Tanne	Nadelholz		Bauholz
Oregon Pine	Nadelholz		
Buche		Europa	Möbel,
Teak			Parkett, Möbel
Lärche		Europa	
Okoumé	Laubholz		

Name: Klasse: Datum:

Holzaufbau

1 Beschriften Sie den **Holzschnitt** mit folgenden Begriffen:

Bast – Borke – Frühholz – Jahrring – Kambium – Kernholz – Markröhre – Holzstrahlen – Spätholz – Splintholz

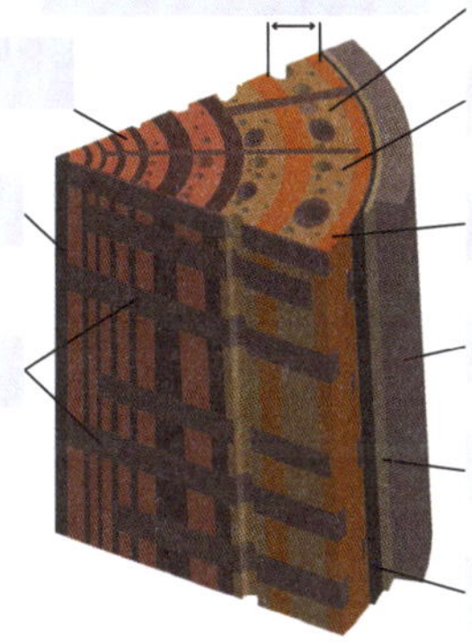

2 Holz besteht aus einer Vielzahl von Zellen. Wozu dienen die **Holzzellen**?

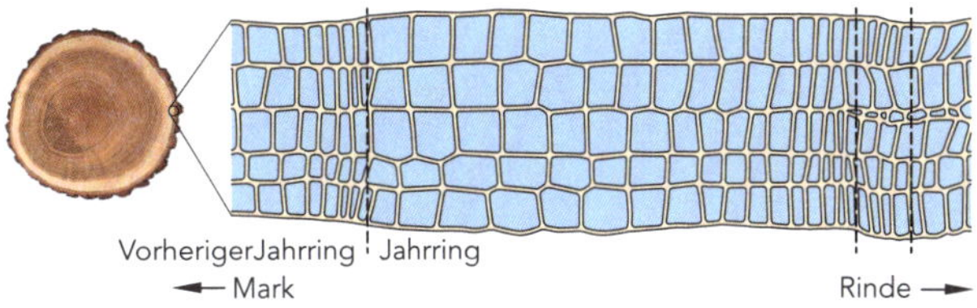

3 Im Bild zur Aufgabe 2 gibt es **großräumige Zellen** und **kleine, dickwandigere Zellen**.

a) Begründen Sie dies.

b) Welche Auswirkung hat die Größe einer Zelle auf die **Eigenschaften von Holz**?

_______________ bedeuten insgesamt weniger Zellwände. Dadurch wird das Holz weicher und erscheint heller. Kleinere Zellen bedeuten insgesamt mehr Zellwände. Dadurch erscheint das Holz dunkler. Das Holz wird _______________.

4 a) Kreuzen Sie die vier richtigen Aussagen an.

- ☐ 1. In den Zellwänden werden Zellulose und Lignin eingelagert.
- ☐ 2. Kernholz und Spätholz bilden zusammen einen Jahresring.
- ☐ 3. Lignin ist wichtig für die Festigkeit des Holzes.
- ☐ 4. Sind die Zellwände mit Wasser gesättigt, spricht man vom Fasersättigungspunkt.
- ☐ 5. Jede Holzart hat die gleiche Fähigkeit, Wasser zu binden.
- ☐ 6. Unterhalb des Fasersättigungspunkts erfolgt die Ausdehnungsänderung des Holzes.
- ☐ 7. Das Ausdehnungsbestreben des Holzes ist in jeder Richtung gleich.

b) Berichtigen Sie die drei falschen Aussagen.

Name: Klasse: Datum:

Holzaufbau

5 Erklären Sie die folgenden Begriffe.

Zellulose

Lignin

Festigkeit

Harzgallen

Fladerung

6 Ein Holzwürfel mit einer Kantenlänge von 40 cm schwindet in Richtung der Markstrahlen um 5 %, in Richtung der Jahresringe um 10 % und in Faserrichtung um 0,3 %. Um wie viel mm ändert sich die Kantenlänge beim **Tangentialschnitt**?

Die Kantenlänge schwindet beim Tangentialschnitt um ______ oder ______.

Name: | Klasse: | Datum:

Einfluss von Feuchtigkeit auf Holz

1 a) Betrachten Sie die Abbildung und lesen Sie den folgenden Text durch.

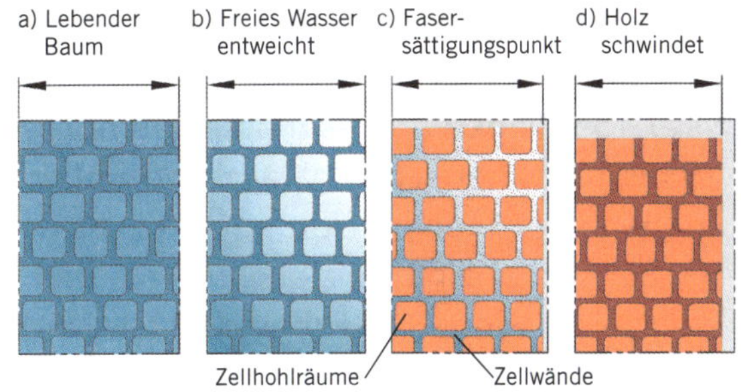

Bei einem lebenden Baum kann die Holzmasse kleiner als die Wassermasse sein. Nach dem Fällen beginnt der Trocknungsprozess. Zunächst entweicht das freie Wasser aus den Zellhohlräumen, dann entweicht das gebundene Wasser aus den Zellwänden. Bei lufttrockenem Holz liegt der Wassergehalt bei 15 bis 20 Prozent. Der Trocknungsprozess setzt sich so lange fort, bis die Luftfeuchtigkeit der Holzfeuchte entspricht. Ändert sich die umgebende Luftfeuchtigkeit, quillt oder schwindet das unbehandelte Holz. Holz nimmt Wasser aus der Luft auf oder gibt es an die Luft ab. Dies bezeichnet man als hygroskopische Eigenschaft des Holzes.

b) **Beantworten Sie die folgenden Fragen mithilfe des Textes.**

Wann beginnt der Trocknungsprozess?

Wie viel Prozent Wasser hat luftgetrocknetes Holz?

Definieren sie „hygroskopisch".

2 **Erklären Sie die folgenden Begriffe.**

Holz arbeitet

Quellen

Schwinden

Holzschädlinge

1 a) Lesen Sie den folgenden Text durch.

Holzschädlinge mögen nur feuchtes Holz
Für Holz zerstörende Insekten muss die Holzfeuchte über 15 % liegen und es müssen Temperaturen von 15 bis 30 °C herrschen. Pflanzliche Holzschädlinge können in trockenem Holz ebenfalls nicht wachsen. Sie benötigen eine Holzfeuchte von über 20 %. Manche Pilze führen zu Farbfehlern des Holzes wie z. B. Bläue und Rotstreifigkeit. Der echte Hausschwamm richtet den größten Schaden an. Holzschädlinge mögen feuchtes und unbehandeltes Holz. Es dient ihnen als Brutstätte und Nahrungsquelle.

b) Formulieren Sie drei Fragen zum Text, die ihr Mitschüler beantworten kann.

-
-
-

2 Finden Sie 10 Begriffe zum Thema **tierische und pflanzliche Holzschädlinge**, die im Wortsuchrätsel waagerecht, senkrecht und diagonal versteckt sind.

C	B	F	J	A	E	N	M	K	H	E	F	H	O	I	C	J	H	B	K	A	I	A	F	H
M	I	V	O	R	O	W	P	H	O	L	Z	Z	E	R	S	T	Ö	R	U	N	G	M	C	O
M	K	J	C	W	F	A	O	D	L	N	P	O	S	E	U	G	D	R	H	U	K	I	E	A
A	P	O	M	H	S	L	C	J	Z	K	H	A	U	S	S	C	H	W	A	M	M	P	L	I
W	E	Ü	F	I	Z	A	D	T	V	N	U	I	K	B	A	L	U	R	E	S	D	N	U	J
H	S	R	T	W	U	G	W	L	E	M	B	A	N	L	N	J	L	F	T	H	J	U	Ä	C
C	F	W	E	S	D	Ü	J	P	R	D	H	R	W	Ä	C	W	G	A	C	A	D	T	F	K
S	C	S	M	N	W	I	O	L	F	R	A	C	J	U	A	H	S	Ü	W	U	F	L	N	N
R	P	L	E	N	A	G	E	K	Ä	F	E	R	E	E	F	R	D	A	J	S	I	S	U	P
E	D	R	A	W	J	S	E		R	O	N	S	A	P	S	N	A	E	O	B	C	B	A	M
L	I	H	S	C	H	A	W	U	B	S	D	B	E	I	B	U	M	F	M	O	L	F	R	N
L	C	O	M	N	U	I	F	E	U	A	R	H	S	L	A	D	R	H	W	C	N	J	B	K
E	K	Ö	N	R	S	P	L	I	N	T	H	O	L	Z	K	Ä	F	E	R	K	P	A	K	F
K	L	I	F	B	N	F	C	K	G	C	O	G	A	T	I	K	H	I	O	C	D	B	Ö	E

3 Ordnen Sie 5 der Begriffe aus Aufgabe 2 den Bildern zu (Mehrfachnennungen möglich).

-
-

-
-

-
-

Name: Klasse: Datum:

Prüfung des Holzuntergrunds

1 Ergänzen Sie die Tabelle zu **Untergrundmängeln**.

Untergrundprüfung			
Untergrundmangel		Harzgalle (mit Harz gefüllte Hohlräume im Holz)	
Prüfmethode	Augenschein		
Beseitigung oder Maßnahmen	Durch Anstriche nicht zu beseitigen. Mit 2-K-Füllmasse oder elastischer Fugenmasse füllen.	Meist durch Anstriche nicht zu beseitigen. mitteilen.	Holz trocknen lassen. Evtl. ein offenes Beschichtungssystem einsetzen; ggf. der Feuchtigkeit beseitigen.

2 Wie führen Sie eine **Feuchtigkeitsmessung** durch?
Beschreiben Sie diesen Vorgang mit eigenen Worten.

3 Bei einem Holzbrett wurden gemessen: Nassmasse 0,450 kg, Darrmasse 350 g

a) Bestimmen Sie die Holzfeuchte.

Die Holzfeuchte des Holzbretts beträgt .

b) Darf das Holzbrett gestrichen werden? Ja ☐ Nein ☐

c) Begründen Sie Ihre Entscheidung aus Aufgabe b).

d) Welche Maßnahmen treffen Sie, bevor Sie das Holzbrett streichen?

Holz – Kreuzworträtsel

Tragen Sie die Lösungen in das Kreuzworträtsel ein.

Hinweis: Verwenden Sie bei Umlauten die Schreibweise Ä, Ö, Ü.

a) Die Volumenveränderung von Holz bei Feuchtigkeitsaufnahme nennt man …
b) Holz ist ein … Rohstoff.
c) Aus welchem Erdteil kommen Oregon Pine und Redwood?
d) Wie werden Platten aus Holzlagen, Holzspänen oder Holzfasern genannt?
e) Oberbegriff für Fichte, Kiefer und Tanne.
f) Wie nennt man dünne Holzblätter, die durch Schälen vom Stamm abgetrennt wurden?
g) Dieses Holz stammt aus Asien und wird als Parkett eingesetzt.
h) Ein sehr hartes Laubholz aus Europa.
i) Frühholz und Spätholz bilden zusammen einen …
j) Dieser Schnitt durch einen Holzstamm zeigt die vollständigen Jahrringe.
k) MDF bedeutet …
l) Quellen und Schwinden des Holzes finden erst unterhalb der … statt.
m) Dieser Bestandteil des Holzes wird durch Sonneneinstrahlung abgebaut.
n) Holz hat die Eigenschaft, aus der Luftfeuchtigkeit Wasser anzuziehen. Es ist …
o) Diese Holzfehler können durch Spannungen im Holz entstehen.
p) Wie bezeichnet man das Wasser in den Zellhohlräumen?
q) Dieser Pilz verfärbt Nadelhölzer.
r) Durch den Ligninabbau verliert das Holz seine Festigkeit und seinen Farbton. Das Holz erhält einen anderen Farbton. Es …

Name: | Klasse: | Datum:

Holzschutz

1 Erstellen Sie eine Mindmap, indem Sie die Begriffe im Kasten sinnvoll anordnen und ergänzen.

Bauliche, konstruktive Maßnahmen – Biozide – Brandschutz – Chemische Holzschutzmittel – Deckende Lackierungen – Dickschichtlasuren – Dünnschichtlasuren – Fungizide – Gefährdungsklassen beachten – High-Solid-Lasuren – Holzbeschichtungen – Insektizide – Kanten runden – Kein direkter Erdkontakt – Klarlack – Ölanstriche – Wachse – 12 % – 15 % – 18 % – 28 %

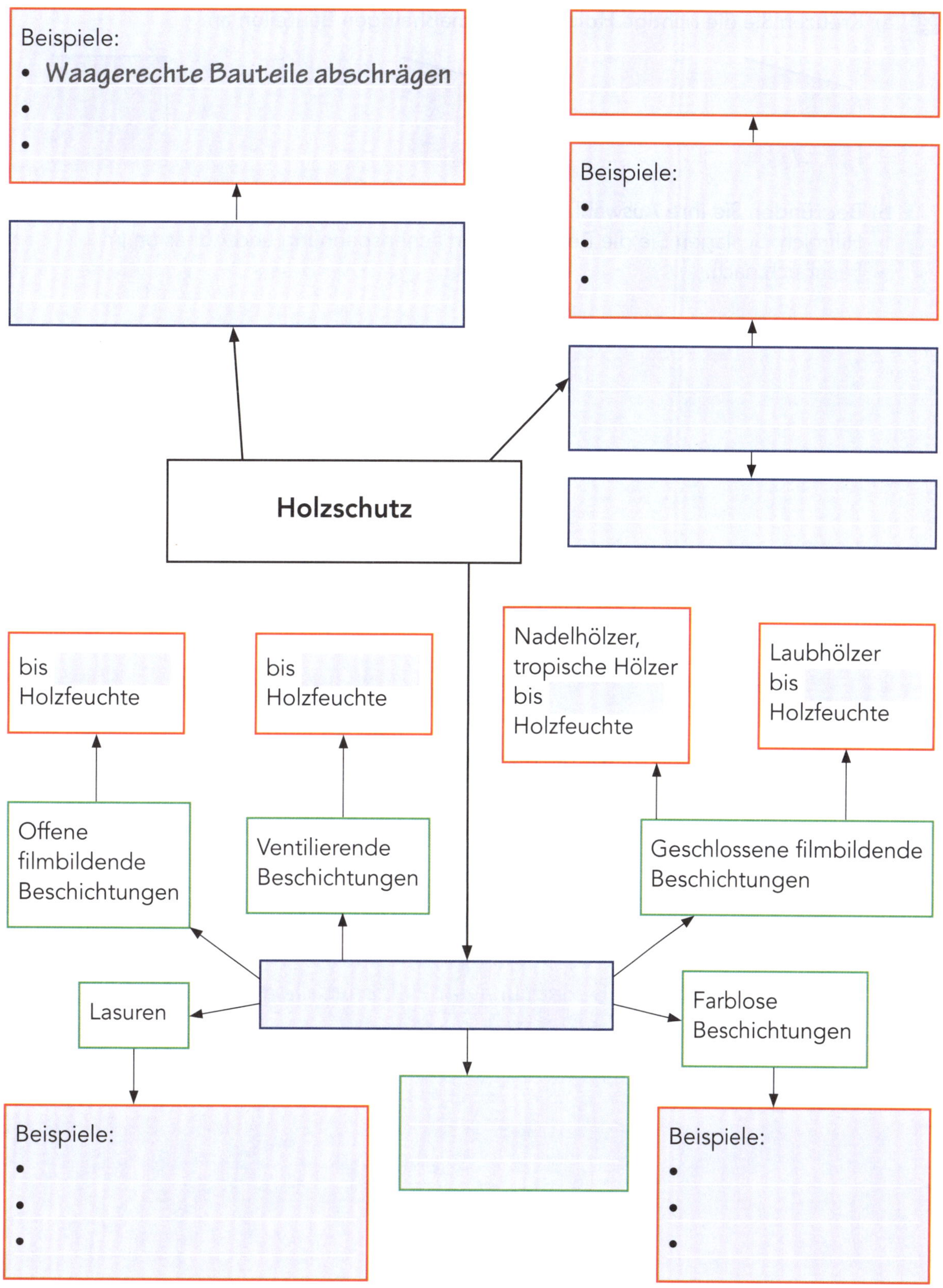

Name: Klasse: Datum:

Baulicher und chemischer Holzschutz

1 Welche Aufgabe haben **bauliche, konstruktive Maßnahmen** des Holzschutzes?

2 a) Kreuzen Sie die richtige **Holzkante** an maßhaltigen Bauteilen an.

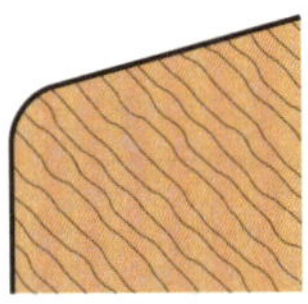 ☐

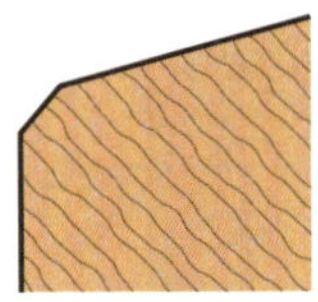 ☐

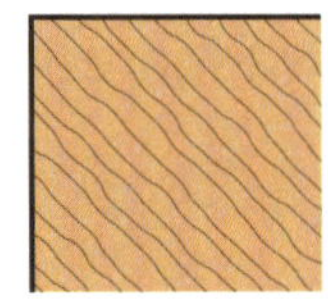 ☐

b) **Begründen Sie Ihre Auswahl.**
Hilfreich: Schlagen Sie die Begriffe Oberflächenspannung und Adhäsion im Fachbuch nach.

3 Welche beiden Aufgaben kann der **chemische Holzschutz** haben?

-
-

4 Ergänzen Sie zwei Regeln, die bei der **Verwendung von Holzschutzmitteln** einzuhalten sind.

-
- *Gesichtspunkte des Gesundheits- und Umweltschutzes sind gegen die Gefährdung und Bedeutung der Holzbauteile abzuwägen.*
-

Name: | Klasse: | Datum:

Beschichtungssysteme auf Holz

1 Wozu dienen Holzbeschichtungen im Allgemeinen?

2 Nennen Sie die Fachbegriffe für die beschriebenen **Beschichtungsarten.**

- Beschichtungen, die wasserdampfdurchlässig sind und vor erneuter Wasseraufnahme schützen:
- Beschichtungen mit einem sehr hohen Festkörperanteil (um 80 %):
- Verändern den natürlichen Farbton des Holzes, ohne die Struktur und die Maserung zu verändern:
- Beschichtungen, die einen dichten Anstrichfilm bilden. Wasserdampf kann nicht oder nur in geringem Maß durchdringen. Schützen den Untergrund vor eindringender Feuchtigkeit:

3 **Holzschutzlasuren** werden gern als Holzbeschichtung verwendet.
Erklären Sie den Begriff Lasur.

4 Nennen Sie die **Vorteile von Lasuren** im Vergleich zu Klarlacken.

5 Nennen Sie den Beschichtungsaufbau von Lasuren für **maßhaltige Bauteile außen.**

1.

2.

Beschichtungssysteme auf Holz

6 Warum dürfen **farblose und geringfügig pigmentierte Beschichtungen** nur im Innenbereich eingesetzt werden?

7 Nennen Sie mindestens vier Arten von **Holzbeschichtungen für innen**.

-
-
-
-

8 Was ist beim **Beizen von Holz** zu beachten?

9 Wozu dient das **Wässern der Holzoberfläche** bei der Untergrundvorbehandlung?
Ergänzen Sie den Text mit den Begriffen im Kasten.

Feinschliff – heruntergedrückt – Holzfasern – Schleifen – sehr glatt – Wässern

Beim ________ werden nicht alle ________ abgeschnitten, ein Teil von ihnen wird nur ________. Beim Beizen oder Lackieren quellen die Fasern, richten sich auf und ein unschönes Bild wird erst nach der Beschichtung sichtbar. Durch das ________ stellen sich die Holzfasern schon vorher auf und können nach dem Trocknen mit einem ________ in Faserrichtung abgeschnitten werden. Die Holzoberfläche ist nun ________ und aufnahmebereit für die nachfolgende Beschichtung.

10 Eine Holztür im Innenbereich soll neu lackiert werden. Eine Altlackierung ist vorhanden. Legen Sie die Reihenfolge der Arbeitsschritte durch Nummerierung von 1 bis 7 fest.

Reihenfolge	Arbeitsschritte bei der Holztürlackierung
	Reinigung, Prüfung der Haftfestigkeit, ggf. Entfernung des Altanstrichs
	Schlussanstrich
	Zwischenanstrich
	Spachteln und Schleifen
	Schleifen des Altanstrichs
	Schleifen
	Abdecken des Fußbodens

Name: Klasse: Datum:

Kunststoffe

1 Ergänzen Sie folgende Tabelle.

Kunststoffgruppe	Eigenschaften	Beispiel	Kurzzeichen
Plastomere 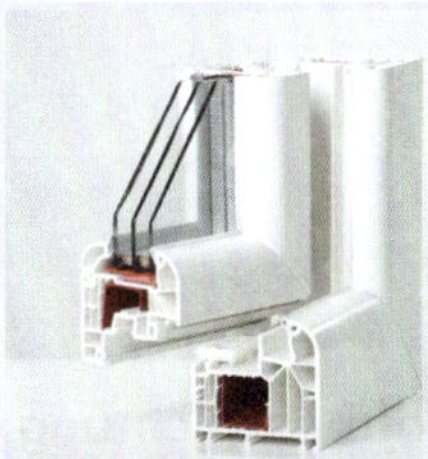	• • • recycelbar	 Polycarbonat	ABS PVC
	• hart • •		EP PUR UP
Elastomere 	• • • unlöslich	Polystyrol Silikon	

2 Beschreiben Sie die beiden Prüfverfahren zur **Erkennung und Unterscheidung von Kunststoffen**, die Sie anwenden können.

•

•

3 Schätzen Sie die **Lackierbarkeit** der Kunststoffgruppen ein.

Duromere

Plastomere

Elastomere

Beschichten von Kunststoffen

Name: Klasse: Datum:

Kunststoffe

4 Nennen Sie den Nutzen eines **Kunststoffprimers**.

5 Nennen Sie drei **Arten der Beanspruchung**, denen eine Kunststoffbeschichtung im Außenbereich standhalten muss.

-
-
-

6 a) Tragen Sie die Arbeitsschritte bei einer **Erstlackierung von Kunststoffuntergründen** in der richtigen Reihenfolge in die Tabelle ein.

b) Erläutern Sie jeden Arbeitsschritt in Stichworten.

	Arbeitsschritt	Erläuterung
1		
2		
3		
4		
5		

7 Was ist bei der Beschichtung von **Dichtprofilen** und **Dichtstoffen** zu beachten?

Name: Klasse: Datum:

Beschichtungsverfahren – Applikationsverfahren

1 Ordnen Sie die im Kasten genannten Applikationsverfahren den darunterstehenden **Einsatzbereichen** zu.

Elektrotauchlackieren – Fluten – Gießen – Pulverbeschichten – Rollen – Spachteln – Spritzen – Streichen – Tauchen

Glättung/Ausbesserung des Untergrunds; Schmucktechniken:

Schutzgrundierungen für Autos:

Komplizierte Formen, z. B. Heizkörper:

Flache oder gewölbte, sehr große Oberflächen:

Kleine Flächen/Lackierungen, z. B. Türen, Fenster:

Mechanisch hoch belastete Gegenstände, z. B. Autoteile:

Große Flächen wie Wände oder raue Fassaden:

Sehr große Flächen wie Hallen oder bei Lackierungen:

2 Erklären Sie, wie Sie bei den folgenden **Applikationsverfahren** vorgehen.

Tauchen:

Spachteln:

Streichen:

Spritzen:

Rollen:

Streichwerkzeuge – Pinsel

1 Vervollständigen Sie den Lückentext zu **Besteckmaterialien**.
Setzen Sie dazu die Wörter aus dem Kasten in die richtigen Lücken ein.

> Ablaugen – Besteckmaterial – Chemikalien – Chinaborsten – chinesischen – Elastizität – Fahne – Farbauftrag – Haus- oder Wildschwein – Kapillarität – kreuzförmig – Kunststoffborsten – Kunststoffen – material – Nylon – Naturborsten – Perlon – Polyester – rund

Borsten eignen sich besonders gut als Besteck ___ für Malerpinsel und Bürsten. Dabei wird zwischen ___ und ___ (synthetischen Borsten) unterschieden. Besteht das ___ aus Naturborsten, stammen diese meistens vom ___. Die schwarzen oder hellen Borsten des ___ Hausschweins sind besonders hochwertig. ___ zeichnen sich durch ihre hohe ___, gleichmäßige Verteilung der Farbe und gute ___ aus. Die Borsten sind wie Menschenhaar geschuppt, spalten sich am oberen Ende zur ___ auf und sehen im Querschnitt wie eine Niere aus. Synthetische Borsten werden aus ___ wie ___, ___ oder ___ hergestellt und können unterschiedliche Formen haben. Um einen sehr guten ___ zu erzielen, werden die Borsten nachträglich mikrofein oder wie Naturborsten zu einer Fahne geschlitzt. Im Querschnitt sind sie ___ oder ___. Sie sind anders als Naturborsten unempfindlich gegen ___, abriebfest und erzielen einen besonders guten Farbauftrag bei mikrofeiner Schlitzung. Zum ___ und Abbeizen sind sie ebenfalls geeignet.

2 Aus dem Lückentext wissen Sie nun, wie **Naturborsten** bzw. **Kunststoffborsten** aussehen. Beschriften Sie die Abbildungen.
Lesen Sie den Text noch einmal, wenn Sie Hilfe brauchen.

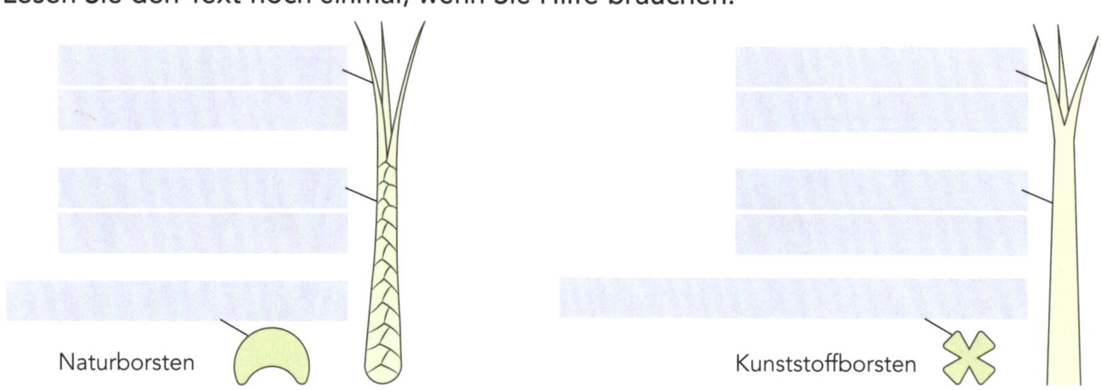

3 Im Lückentext kommt das Wort **Kapillarität** vor.
Erklären Sie mit Ihren eigenen Worten, was Kapillarität ist.

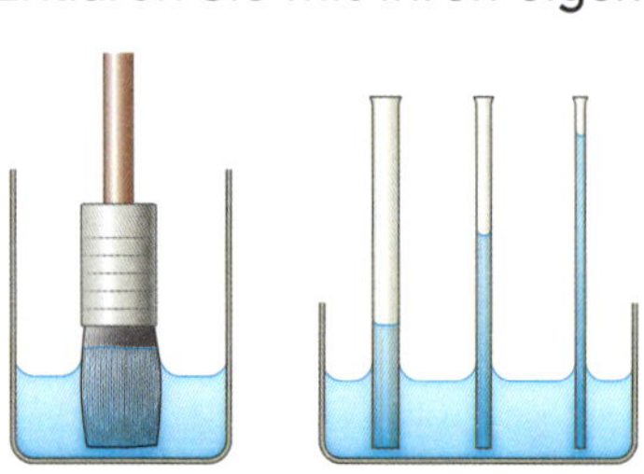

Name: | Klasse: | Datum:

Streichwerkzeuge – Pinsel

4 Beschriften Sie den Querschnitt eines **Pinselaufbaus**.

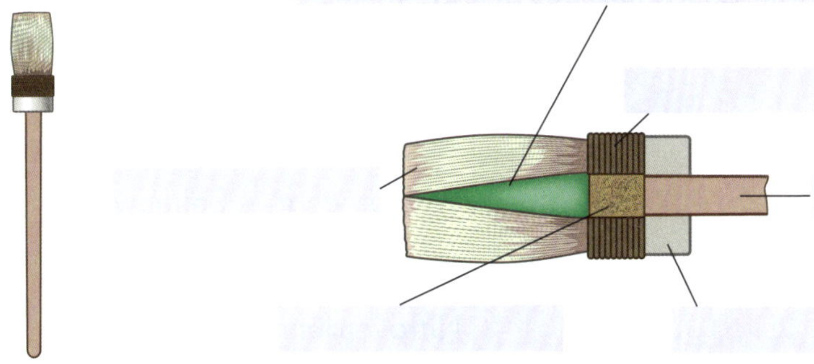

5 Wie heißen die unten abgebildeten **Pinsel** und für welche Arbeiten werden sie verwendet?
Schreiben Sie die **Bezeichnungen** und die **Verwendungsmöglichkeiten** auf.

	Bezeichnung	Verwendungsmöglichkeiten
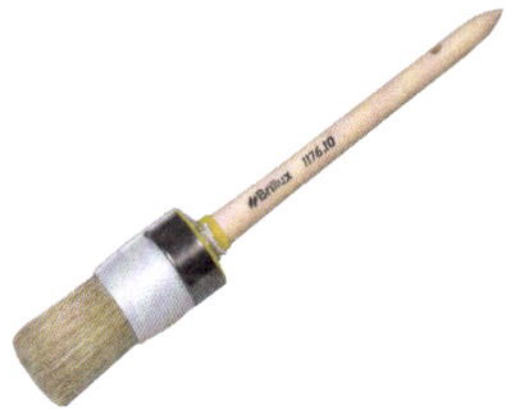		

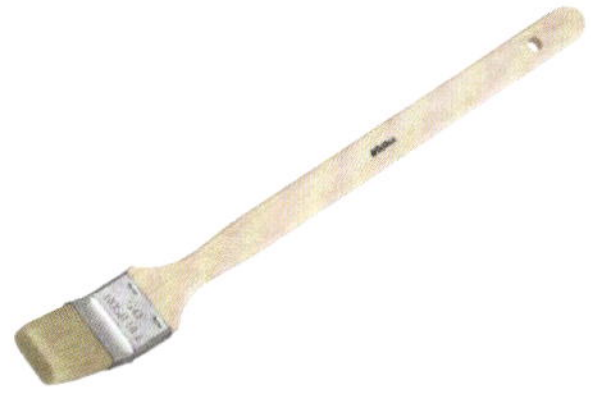		
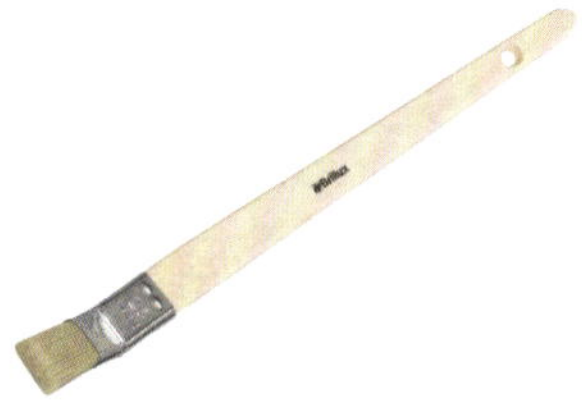		

Name: Klasse: Datum:

Streichwerkzeuge – Pinsel

6 Mit welchem **Reinigungsmittel** reinigen Sie Ihre Pinsel oder Bürsten, wenn sie mit folgenden Beschichtungsstoffen verwendet wurden?
Verbinden Sie den Beschichtungsstoff und das richtige Reinigungsmittel mit einer Linie.

Beschichtungsstoff
Nitrolacke
Dispersionsfarben
Silikatfarben
Kleister
Kalkfarben
2-K-Lacke
Polymerisatharzlacke
Ölfarben
Alkydharzlacke

Reinigungsmittel
Wasser/warmes Seifenwasser
Testbenzin/Kunstharzverdünnung
Wasser/warmes Seifenwasser
Terpentin(ersatz)
Wasser/warmes Seifenwasser
Nitroverdünnung
Wasser/warmes Seifenwasser
Universalverdünner/Nitroverdünner
Spezialverdünnung

7 Beschreiben Sie die **Pflege** und **Lagerung** Ihrer Pinsel und Bürsten nach der Reinigung.

-
-
-

8 Suchen Sie im Wortsuchrätsel 8 Begriffe zum Thema **Streichwerkzeuge** und beschreiben Sie sie. Die Wörter können auch von rechts nach links angeordnet sein.

E	Y	I	X	I	R	W	V	G	U	O	A	Z	N	B	L	P	S	T	P
R	M	G	N	E	T	S	R	O	B	F	F	O	T	S	T	S	N	U	K
N	C	I	D	C	H	K	K	V	T	Z	P	J	J	Q	Q	D	W	L	V
D	I	S	P	E	R	S	I	O	N	S	F	A	R	B	E	M	Y	P	F
D	R	E	H	E	I	Z	H	C	I	R	T	S	G	E	A	R	H	C	S
E	B	D	F	F	A	X	T	C	X	O	J	W	K	I	P	V	P	V	X
G	R	V	H	A	R	I	N	G	P	I	N	S	E	L	X	T	J	W	J
N	H	P	B	H	E	T	Ä	T	I	R	A	L	L	I	P	A	K	S	L
U	Y	D	S	N	A	J	I	W	T	S	M	J	X	S	E	W	V	H	H
O	G	M	U	E	Q	J	E	G	D	O	Q	K	F	Q	C	Q	V	K	G
Z	N	E	T	S	R	O	B	R	U	T	A	N	N	Z	E	N	Q	D	W
Q	N	A	C	S	U	F	R	E	P	L	A	T	T	P	I	N	S	E	L
D	L	Y	N	M	G	Y	X	J	Q	K	P	L	F	B	D	R	X	O	H
M	A	U	D	K	H	C	B	Z	J	C	N	U	N	U	V	G	E	A	Q

Name: Klasse: Datum:

Rollen und Walzen

1 Schneiden Sie die 9 Abbildungen der Walzen und Rollen auf Seite 109 mit der Bezeichnung aus.
Ordnen Sie sie den Beschreibungen in der Tabelle auf Seite 78 zu.
Kleben Sie die Abbildungen auf, wenn Sie sie richtig zugeordnet haben.

2 In der Tabelle auf Seite 78 finden Sie einzelne unterstrichene Begriffe.
Erklären Sie diese Begriffe mit Ihren eigenen Worten.

Dispersion:

ansatzfrei:

PU (Schreiben Sie den Namen des Kunststoffs aus und geben Sie eine Verwendung im Malerbereich an):

hochviskos:

niedrigviskos:

Flor:

3 Wählen Sie Walzen mit der richtigen **Florlänge** für folgende Arbeiten aus:

Das Oberflächenbild soll sehr fein sein:

Sie verwenden einen zähflüssigen Beschichtungsstoff:

Sie wollen eine sehr große Fläche beschichten:

Name: Klasse: Datum:

Rollen und Walzen

Walze/Rolle	Kennzeichen	Anwendung	Beschichtungsstoffe
	– Naturprodukt (pflegeintensiv, neigt zum Verfilzen) – gleichmäßige Struktur – sehr gute Farbaufnahme/-abgabe	– große Flächen – Innen und Außenbeschichtungen – rauer/unebener Untergrund ungepolstert: – glatter Untergrund	– Dispersionsfarben – Latexfarben Vorsicht: nicht für alkalische oder lösemittelhaltige Farben
	– feinporiger Polyesterschaum – bügelseitig rund (aber auch doppelseitig rund erhältlich)	ansatzfreier und strukturfreier Auftrag	– lösemittelbasierte Lacke – wasserbasierte Lacke
	– Polyamidfaser – sehr gute Farbaufnahme/-abgabe – lösemittelbeständig – leicht zu reinigen	– kleine, schwer zugängliche Flächen – zum Beschneiden – raue und unebene Untergründe	Dispersionsfarbe
	– Polyesterfaser – sehr gute(s) Farbaufnahme/-haltevermögen – lösemittelbeständig	strukturfreier Auftrag	wasserbasierte PU-Lacke
	– Wollplüsch oder gesponnene Lammwolle – lösemittelbeständig	glatte und ebene Untergründe	– Lackierungen – Versiegelungen – hochviskose Beschichtungen
	– Polyamidfaser – sehr gute Farbaufnahme/-abgabe – lösemittelbeständig	gepolstert: – große Flächen – Innen- und Außenbeschichtung – sehr raue Untergründe ungepolstert: wie oben, aber glatte Untergründe	– Dispersionsfarben – alkalische Farben – Silikonharzfarben – lösemittelhaltige Farben
	– hochverdichteter Acrylwebplüsch – sehr gute Farbaufnahme/-abgabe	strukturfreier Auftrag	wasserbasierte Acryllacke
	– Polyester-Endlosfaser – sehr hohe Faserdichte – flusenfrei – sehr gut saugfähig/tropffrei – sehr hohe Kapillarwirkung	– glatte, ebene Untergründe – gut für Grundierungen und für Überkopfarbeiten geeignet	– niedrigviskose Bechichtungsstoffe – Dispersionen
	– Polyamid-Endlosgarn (Kurzflor) – sehr gute Farbaufnahme/-abgabe – lösemittelbeständig – leicht zu reinigen	glatte bis leicht strukturierte Untergründe	– Korrosionsbeschichtungen – Dickbeschichtungen

Name: Klasse: Datum:

Rollen und Walzen

4 Kreuzen Sie mithilfe der Tabelle auf Seite 78 die richtigen Antworten an.

- ☐ Alle Walzen und Rollen können für den Innen- und Außenbereich eingesetzt werden.
- ☐ Je kürzer die Florlänge, desto feiner ist die Beschichtungsstruktur.
- ☐ Langflorwalzen und -rollen eignen sich besonders gut für raue, strukturierte Untergründe und große Flächen.
- ☐ Alle Walzen sind für die Beschichtung mit alkalischen und lösemittelhaltigen Farben geeignet.
- ☐ Kurzflorwalzen/-rollen eignen sich besonders gut für hochviskose Beschichtungsstoffe.

5 **Wie reinigen Sie Walzen/Rollen, mit denen Sie wasserbasierte Beschichtungsstoffe aufgetragen haben?
Und was machen Sie mit Walzen/Rollen für lösemittelhaltige Beschichtungsstoffe?**

Reinigung von Walzen/Rollen für wasserbasierte Beschichtungsstoffe

Reinigungsgeräte:

Reinigungsflüssigkeit:

Entsorgung des Schmutzwassers:

Vorgehen bei Walzen/Rollen für lösemittelhaltige Beschichtungsstoffe

-
-

Name: Klasse: Datum:

Glätt-, Spachtel- und Auftragswerkzeuge

1 Suchen Sie im Rätsel die Bezeichnungen der abgebildeten Spachtel, Kellen und Glätter. Die Wörter stehen auch von rechts nach links und von unten nach oben im Rätsel. Notieren Sie die **Werkzeugbezeichnungen** unter den Abbildungen.

X	W	G	F	L	A	E	C	H	E	N	S	P	A	C	H	T	E	L	W	I	S	S	T	K
R	F	L	J	O	Z	W	Y	O	J	G	T	T	V	G	I	U	P	Y	B	N	M	D	L	G
X	V	G	A	U	F	Z	I	E	H	P	L	A	T	T	E	B	W	I	T	T	C	N	E	O
Y	U	R	I	N	W	B	M	A	L	E	R	S	P	A	C	H	T	E	L	E	N	E	T	L
C	O	S	M	A	F	O	D	J	R	S	T	J	E	S	J	C	D	B	E	L	N	U	H	G
B	H	L	C	D	T	F	Q	U	I	C	V	H	C	V	D	I	B	N	H	L	G	Y	C	H
O	B	X	U	M	T	T	E	R	B	E	B	I	E	R	A	O	R	D	A	E	H	Y	A	C
F	P	N	R	P	E	I	W	T	Y	B	C	D	I	B	C	F	S	K	O	K	M	W	P	S
G	P	R	O	K	M	L	S	W	X	P	V	J	T	T	P	I	N	O	J	E	J	R	S	E
F	B	Z	A	H	N	K	E	L	L	E	M	U	W	Q	G	C	B	L	D	T	Y	X	N	G
O	Y	I	Q	V	D	F	K	V	E	T	W	S	L	D	C	V	L	Q	I	T	J	E	A	C
K	U	N	S	T	S	T	O	F	F	G	L	A	E	T	T	E	R	J	J	E	R	N	P	J
J	K	A	L	V	P	X	Y	O	D	E	E	B	O	N	T	Z	A	T	O	A	D	W	A	I
L	E	T	H	C	A	P	S	R	U	E	T	A	K	C	U	T	S	P	K	L	C	V	J	V
P	W	K	Q	L	I	B	H	D	D	W	B	S	E	I	E	D	V	X	K	G	J	J	L	H

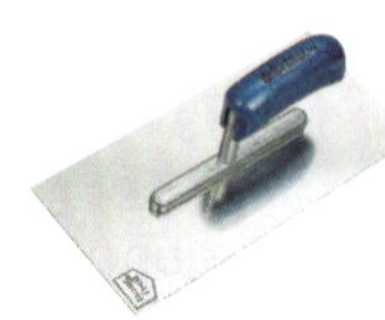

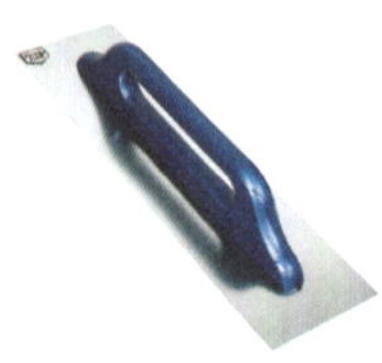
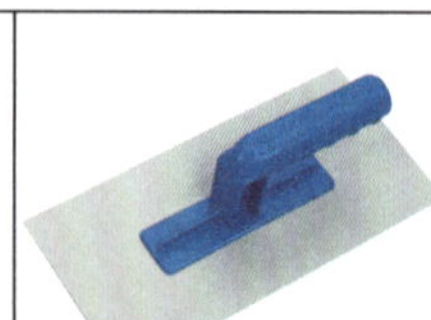

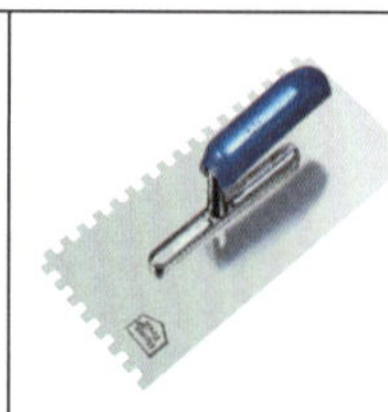

2 Notieren Sie unter den Werkzeugbezeichnungen Stichpunkte, wofür die Werkzeuge **verwendet** werden.

Name: Klasse: Datum:

Spritzpistolen

1 Nennen Sie drei Vorteile und drei Nachteile des Spritzverfahrens.

Vorteile des Spritzverfahrens	Nachteile des Spritzverfahrens

2 Erklären Sie den Begriff **Overspray**.

3 Ergänzen Sie mithilfe Ihres Fachbuchs die Mindmap zu **Spritzverfahren**.

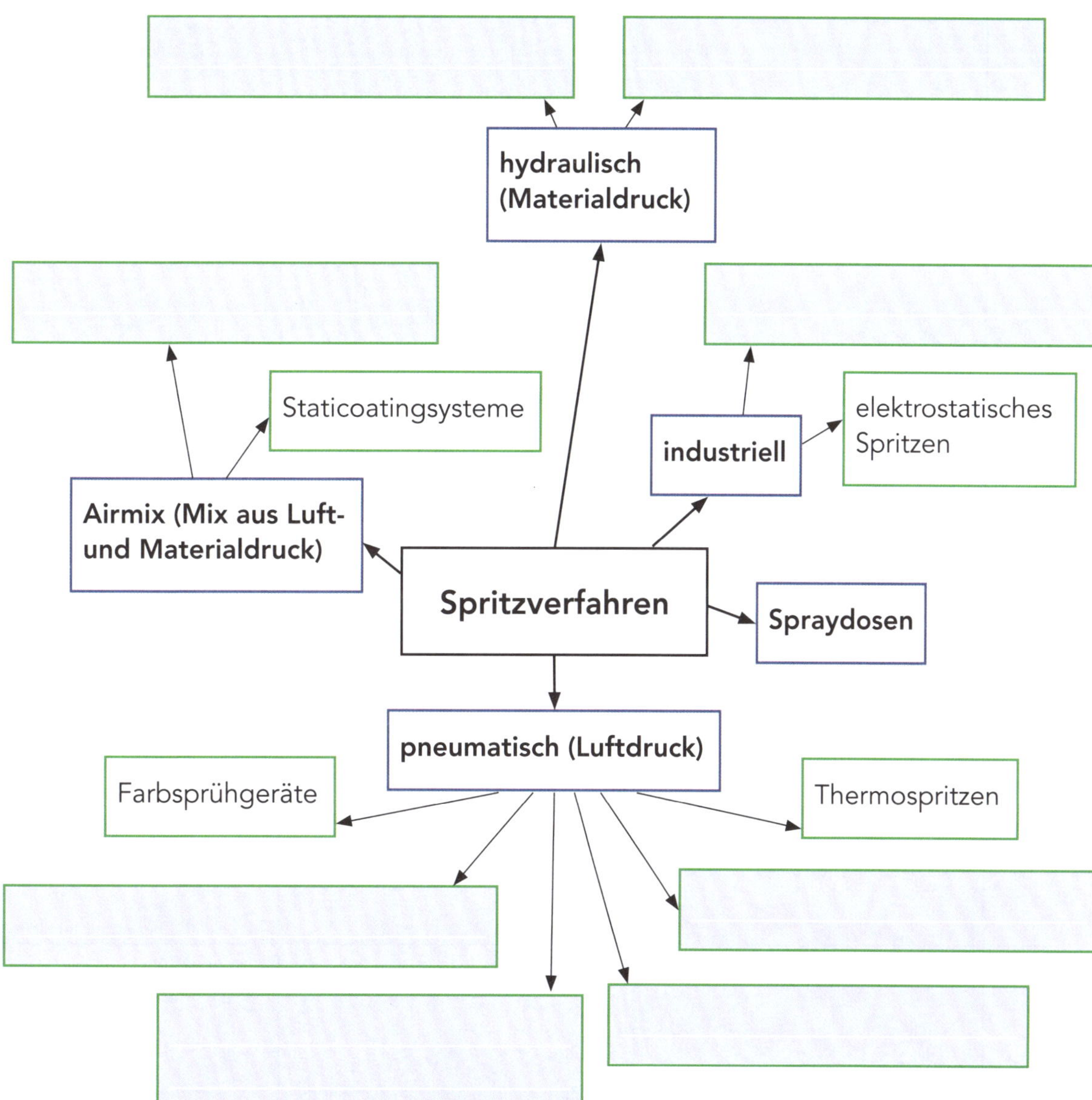

Name: Klasse: Datum:

Arbeitsablaufplan – Raufasertapete verarbeiten und beschichten

1 Bringen Sie die im Kasten genannten **Arbeitsschritte** in die richtige Reihenfolge. Übertragen Sie die Arbeitsschritte in der richtigen Reihenfolge in die Tabelle.

Abdecken und abkleben – Dispersionsfarbe applizieren – Tapete einkleistern, einweichen lassen, tapezieren – Tapete prüfen – Tapete zuschneiden (+ 10 cm Zugabe) – Untergrund prüfen – Untergrund vorbereiten (trocken, fest, sauber, tragfähig, neutral, eben, schadenfrei)

2 Ergänzen Sie in der Tabelle das erforderliche **Werkzeug/Material**; falls benötigt auch **Maschinen** und sonstige **Arbeitshilfen**.

Nr.	Arbeitsschritte	Werkzeug/ Material	Maschinen/ Arbeitshilfen
1			
2			
3			
4			
5			
6			
7			

Name: Klasse: Datum:

Entstehung von Farbe

1 Beschreiben Sie den abgebildeten **Sehvorgang**.

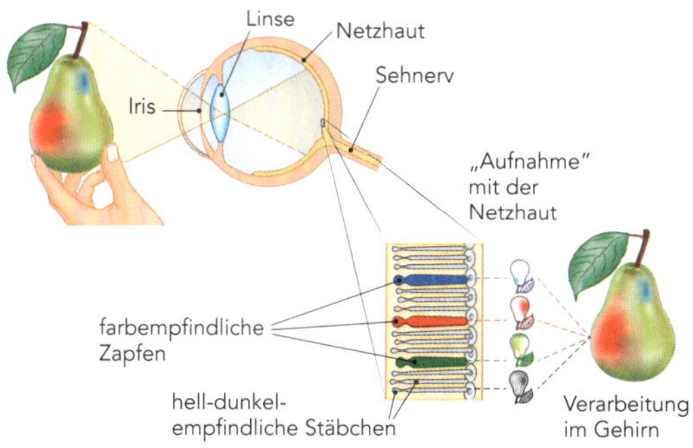

2 Was ist hier dargestellt? Finden Sie Bildunterschriften.

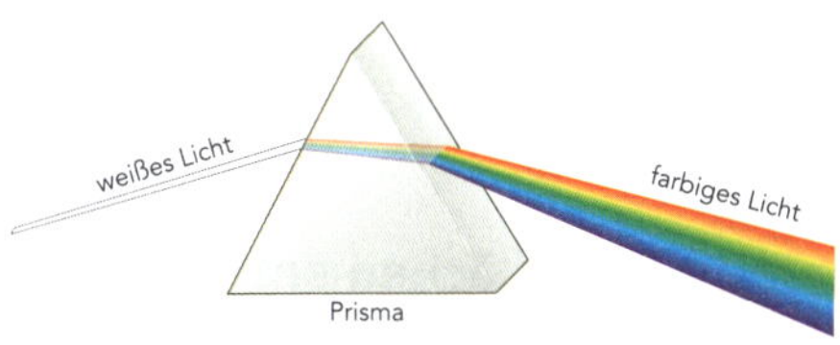

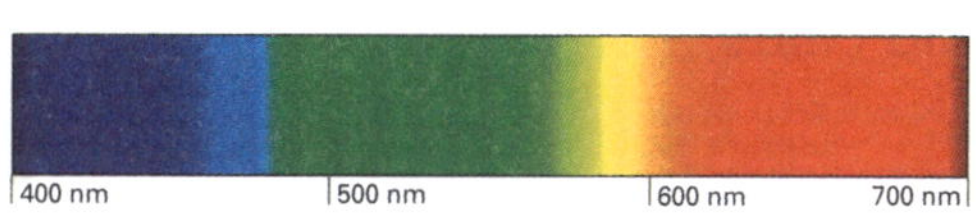

3 Ergänzen Sie die folgenden Sätze:

a) Um Farben sehen zu können, benötigt das Auge ______ .

b) Bei wenig Licht gibt es keine Farbempfindungen. Daher auch das Sprichwort „Nachts sind alle Katzen grau." Es werden nur die ______ im Auge aktiviert.

c) Bei Kerzenlicht ______ derselbe Farbton anders als bei Tageslicht.

d) Sonnenlicht lässt sich in ______ zerlegen.

e) Die Spektralfarben kann man beim ______ sehen.

4 Nennen Sie die **Spektralfarben**.

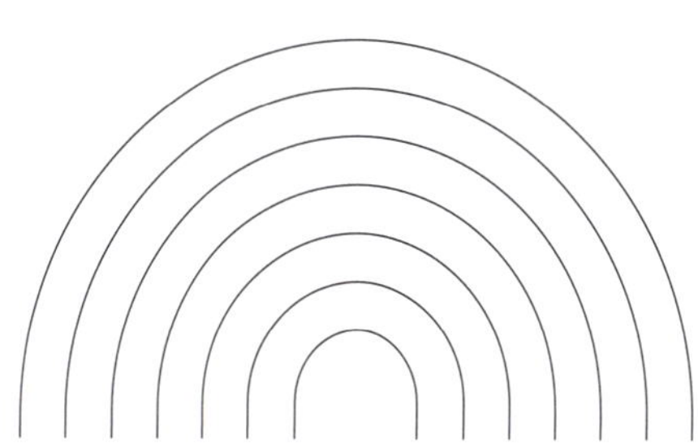

5 Legen Sie den **Regenbogen** mit Buntstiften in der richtigen Reihenfolge aus.

Name: Klasse: Datum:

Lichtbrechung und Reflexion

1 An der Trennfläche zwischen Luft und Wasser kommt es zur Brechung der Lichtstrahlen.
Erklären Sie den Zusammenhang zwischen den **Brechungszahlen** von Bindemitteln und Pigmenten.

2 Bestimmte **pigmentierte Beschichtungsstoffe** brechen den Lichtstrahl nicht stark genug; der Lichtstrahl wird erst vom Untergrund reflektiert.
Wie heißen diese Beschichtungsstoffe?

3 Stellen Sie zeichnerisch dar, wie **matte** und **glänzende Oberflächen** entstehen.

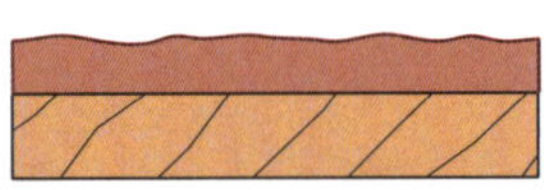

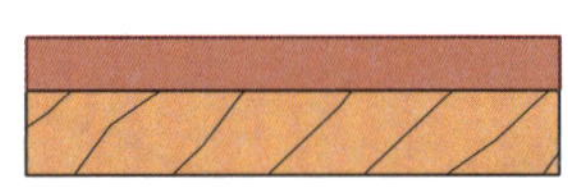

4 Wann erscheint ein Gegenstand **hochglänzend blau**?
Ergänzen und beschriften Sie das Bild.

Name: | Klasse: | Datum:

Farbmischung

1 Definieren Sie **subtraktive Farbmischung**.

2 Welche Bedeutung haben die Buchstaben **C, M, Y** in Zusammenhang mit der subtraktiven Farbmischung?

3 Welcher Bestandteil in den Beschichtungen ist der **farbgebende Körper** und reflektiert Anteile des Lichts?

4 Malen Sie die Kästchen mit Buntstiften farbig an und formulieren Sie einen Merksatz.

Primärfarben

Merksatz:

Sekundärfarben

+ =

+ =

+ =

Merksatz:

Name: Klasse: Datum:

Farbmischung

5 **Tertiärfarben** sind Farbmischungen, die alle drei Primärfarben enthalten. Auf welche Weise können Tertiärfarben gemischt werden? Nennen Sie die zwei Möglichkeiten.

-
-

6 Mischen Sie auf einem extra Blatt Papier verschiedene Tertiärfarben. Notieren Sie sich, aus welchen Farbtönen Sie diese gemischt haben. Beurteilen Sie hier Ihre Ergebnisse schriftlich.

7 Verbinden Sie Farbenpaare, die sich zu einem dunklen **Grau** bzw. zu einem **Braunton** ergänzen.

8 Wie werden Farben, die sich im Farbkreis gegenüberliegen, bezeichnet?

9 Im Farbkreis können nur die „bunten" Farben dargestellt werden. Farbtöne, die der Maler einsetzt, besitzen aber zusätzlich „unbunte" Anteile, vor allem mit Weiß. Finden Sie mindestens 3 **Farbordnungssysteme**, die sich eignen, um auch diese Mischungen der bunten und unbunten Farben darzustellen bzw. zu ordnen.

-
-
-

Name: | Klasse: | Datum:

Ordnung der Farben

1 Konstruieren Sie den **6-teiligen Farbkreis.**

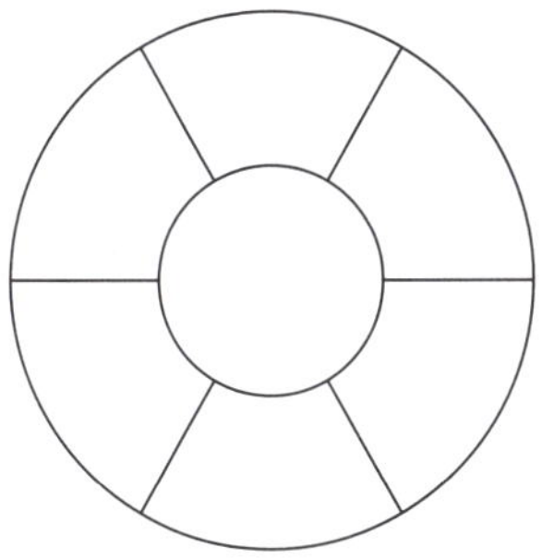

Bereiten Sie auf einem Zeichenkarton ihr Zeichenblatt wie üblich vor.

Für die Konstruktion benötigen Sie:
- Zirkel
- Geodreieck
- Bleistift

Der äußere Kreis hat einen Durchmesser von 7 cm.
Der innere Kreis hat einen Durchmesser von 3 cm.

Die Konstruktion erfolgt ähnlich wie für ein regelmäßiges Sechseck mit der Seitenlänge/Radius = 7 cm.

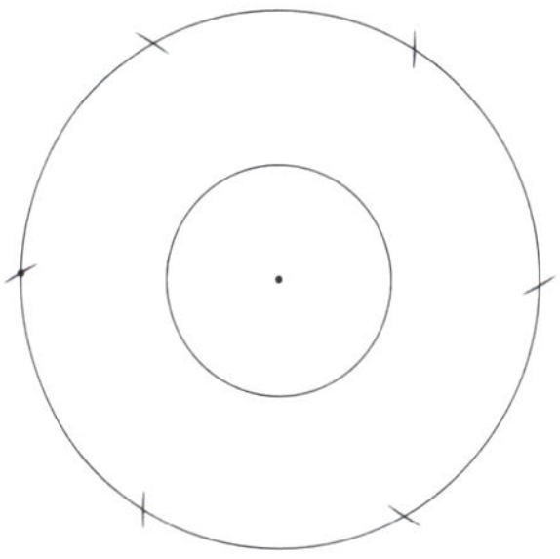

- Schlagen Sie den äußeren Kreis.
- Schlagen Sie den inneren Kreis.
- Wählen Sie an einer beliebigen Stelle auf der äußeren Kreislinie den ersten Schnittpunkt.
- Von diesem ersten Schnittpunkt aus wird nun der Radius (in unserem Beispiel r = 7 cm) der Reihe nach 6 Mal abgeschlagen.
- Verbinden Sie diese Schnittpunkte nun mit dem inneren Kreis, indem Sie das Geodreieck jeweils durch den Schnittpunkt und durch den Kreismittelpunkt legen.

2 **a) Nummerieren Sie in der Tabelle die richtige Reihenfolge der Farben im Uhrzeigersinn. Beginnen Sie mit Gelb.**
b) Heben Sie die Namen der Primärfarben farblich hervor.

Orange	Violett	Rot	Gelb	Blau	Grün

3 **Füllen Sie den in Aufgabe 1 abgebildeten Farbkreis mit Buntstiften in den Primärfarben und den Sekundärfarben in der richtigen Reihenfolge aus.**

4 **Welcher Zusammenhang besteht zwischen der Reihenfolge der Farben im 6-teiligen Farbkreis und den RAL-Farben in den DIN-Normen?**

5 **Legen Sie Ihren konstruierten Farbkreis mit wasserverdünnbaren Farben deckend aus. Verwenden Sie dazu nur die drei Primärfarben.**

Name: Klasse: Datum:

Ordnung der Farben

6 Die Abbildung zeigt den **Farbglobus nach Runge** mit den fünf Farbreihen.
Beantworten Sie zu jeder Farbreihe die folgenden drei Fragen.
Tragen Sie Ihre Antworten in die Tabelle ein.
- Wie heißt die Farbreihe?
- Wo liegt die Farbreihe?
  Tipp: Der Farbglobus nach Runge kann mit dem Aufbau der Erde verglichen werden.
- Welche Farbtöne werden dort dargestellt?

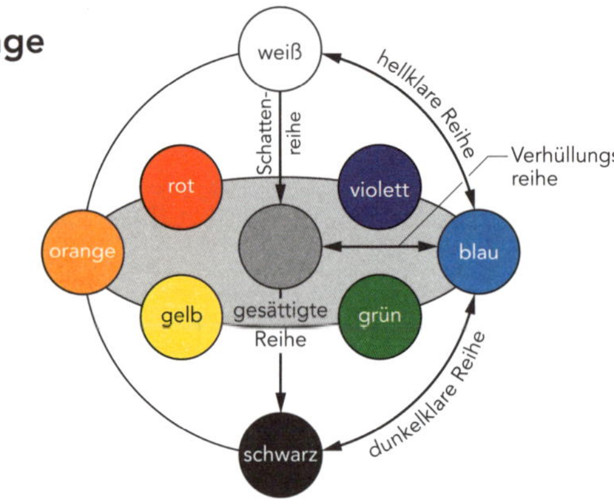

Farbreihen im Farbglobus nach Runge

Name	Lage	Dargestellte Farbtöne

7 Verändern Sie einen Farbton aus der gesättigten Reihe, indem Sie diesen aufhellen, abdunkeln und verhüllen.
Präsentieren Sie Ihr Ergebnis auf Zeichenkarton.
Achten Sie auf einen gleichmäßigen Farbauftrag und eine ansprechende Anordnung in der Fläche.

Name: | Klasse: | Datum:

Merkmale von Farben – Farbharmonien

1 Nennen Sie die drei **Merkmale** zur Beschreibung der Wandfarbe.

-
-
-

2 Auf welche Art und Weise kann der Maler **Farbharmonien** herstellen?

3 Welche **harmonische Farbreihe** wurde im Bild oben eingesetzt?

4 Erstellen Sie auf Zeichenkarton eine **Grautonleiter** mit weißer und schwarzer Abtönfarbe.
Beginnen Sie mit Weiß und enden Sie nach 5 weiteren gleichmäßigen Abstufungen bei Schwarz.

Arbeitsschritte:
- Mischen Sie auf Zeichenkarton mindestens 10 Grautöne, die Sie großzügig aufstreichen.
- Schneiden Sie Ihre Grautöne nach der Trocknung ohne weißen Rand aus. Dabei sollen Quadrate entstehen, die Sie zum Schluss auf dieser Seite unten einkleben.
- Sortieren Sie die Graustufen von hell nach dunkel.
- Gehen Sie zum Tageslicht und fächern Sie Ihre Abstufungen auf, kontrollieren Sie Ihre Reihenfolge und entscheiden Sie sich für 5 gleichmäßige Abstufungen.
- Sollten Sie feststellen, dass die Abstufung nicht gleichmäßig ist, mischen Sie weitere Grautöne.
- Kleben Sie Ihre Ergebnisse hier so auf, dass Sie sich berühren.

Merkmale von Farben – Farbharmonien

5 Jeder Farbton hat einen **Hellbezugswert** (HBW) oder **Remissionswert**.

a) Recherchieren und definieren Sie Hellbezugswert.

b) Ordnen Sie verschiedene Farbmusterschnipsel den Grautönen zu.

Weiß	Grau	Grau	Grau	Grau	Grau	Grau	Grau	Grau	Schwarz

6 Wie kann man **Farben gleicher Helligkeit** herstellen?

7 Erläutern Sie den Unterschied zwischen Farben gleicher Helligkeit und Farben gleicher Sättigung.

8 Warum dürfen manche Untergründe nicht mit **sehr dunklen Farbtönen** gestrichen werden?

9

Welches Wort steht im **Vordergrund**: Wald oder Wiese?

Name: Klasse: Datum:

Merkmale von Farben – Farbharmonien

10 Welche Fläche wirkt **optisch näher**?

11 Wodurch entstehen die unterschiedlichen **Helligkeiten** in beiden Abbildungen?

1

2

12 Die Handwerkskammer lädt zu folgendem Lehrgang ein: „In diesem Lehrgang möchten wir Ihnen die Grundlagen der dekorativen Gestaltung vermitteln. Es wird Ihnen die Schönheit der **Graumalerei** mit verschiedenen Materialien näher gebracht."
Recherchieren Sie im Internet und erläutern Sie: Was bedeutet Graumalerei?

Atelier Benad, München

13 Die Abbildung zeigt weiße Schrift auf schwarzem Untergrund sowie schwarze Schrift auf weißem Untergrund.

Weiße Schrift gleicher Größe auf dunklem Untergrund wirkt kleiner	als schwarze Schrift auf weißem Untergrund.
Weiße Schrift gleicher Größe auf dunklem Untergrund wirkt größer	
als schwarze Schrift auf weißem Untergrund.	

a) Welche der beiden Aussagen in der Abbildung ist richtig?

b) Welche Schrift lässt sich besser lesen?

Name: Klasse: Datum:

Symbolische Bedeutung der Farben

1 Welche Farbe des sechsteiligen Farbkreises könnte ihrer Meinung nach folgende Begriffe beschreiben?
Ordnen Sie jedem Begriff eine Farbe zu.

Begriff	Farbe	Begriff	Farbe
aufregend		sauer	
kalt		mystisch	
beruhigend		freudig	
Lebensfreude		Frühling	
Zauberei		Ferne	
Vertrauen		Gefahr	

2 Jede Sprache hat „farbige Redewendungen" mit symbolischer Bedeutung.
Finden Sie fünf **Redewendungen** und ärgern Sie sich nicht schwarz.

-
-
-
-
-

3 Farben haben **symbolische Bedeutungen**.
Ergänzen Sie die Tabelle.

Schwarz	Weiß	Grün	Rot	Blau
	Unschuld	Gesundheit	Aggressivität	Harmonie

4 Welche Farben werden als **warm** empfunden?

5 Welche Farbtöne **beruhigen**, wirken ruhig und entspannend?

6 Mit welchem Farbton würden Sie das Wartezimmer in einer Arztpraxis streichen?
Begründen Sie Ihre Auswahl.

Name: Klasse: Datum:

Kontraste

1 Verbinden Sie die Begriffe jeweils mit der passenden Abbildung.

Farbe-an-sich-Kontrast

Hell-dunkel-Kontrast

Kalt-warm-Kontrast

Komplementärkontrast

Qualitätskontrast

Quantitätskontrast

Simultankontrast

2 Welcher Kontrast wird gesucht?
Ergänzen Sie in der Tabelle die Namen.

	Beschreibung des Kontrastes	Name des Kontrastes
a	Dominanten sind Akzente gegenübergestellt. Dabei beeinflussen die Leuchtkraft der einzelnen Farbe und die Größe der Farbfläche die Farbwirkung.	
b	Die Farben wirken gleichzeitig und wechselseitig. Es kann zu scheinbaren Verwechslungen des Farbtons, der Helligkeit oder der Sättigung kommen.	
c	Rotorange und Blaugrün sind die Pole dieses Kontrastes. Mit ihm lassen sich weitere Empfindungen, z. B. beruhigend und erregend, vermitteln.	
d	Farben stehen ungetrübt in ihrer stärksten Leuchtkraft nebeneinander. Der Farbton steht im Vordergrund.	
e	Reine gesättigte Farbtöne werden trüben Farbtönen gegenübergestellt.	
f	Mit diesem Kontrast lassen sich räumliche Wirkungen erzielen und klare Abgrenzungen erreichen.	

3 Welcher Kontrast nach Itten fehlt in der Aufgabe 2?
Nennen Sie diesen und definieren Sie ihn.

Name:

Definition:

Kontraste

4 Zeichnen Sie mit Buntstiften die **komplementären Farbenpaare** in die Rechtecke ein. Achten Sie auf die Leuchtkraft der Farben. Es soll optisch kein Farbton überwiegen. Vgl. auch Quantitätskontrast auf der vorhergehenden Seite.

Namen der Farben	______ – ______	______ – ______	______ – ______
Verhältnis der Farben zueinander	ca. ______ : ______	______ : ______	______ : ______

5 Vervollständigen Sie den Text zur **Farbwirkung** mit den Begriffen im Kasten.

beeinflussen – Blaugrün – fern – feucht – gemütlich – kalt – kühler – nah – Raumwirkung – Rotorange – warm – wärmere

Farben können als ______ oder ______ empfunden werden. Sie ______ unser Temperaturempfinden. Den stärksten Kontrast bilden ______ und ______. Kalte Farben wirken ______ und ______. Warme Farben wirken trocken und ______. Durch gezielten Einsatz kalter und warmer Farben kann man die ______ und die gefühlte Raumtemperatur verändern. Kalte und dunkle Nordzimmer wirken durch ______ Farben freundlich und ______. Südzimmer können durch die Auswahl des richtigen Farbtons ______ wirken.

6 Gestalten Sie mit Buntstiften ein **Nordzimmer** und ein **Südzimmer**.

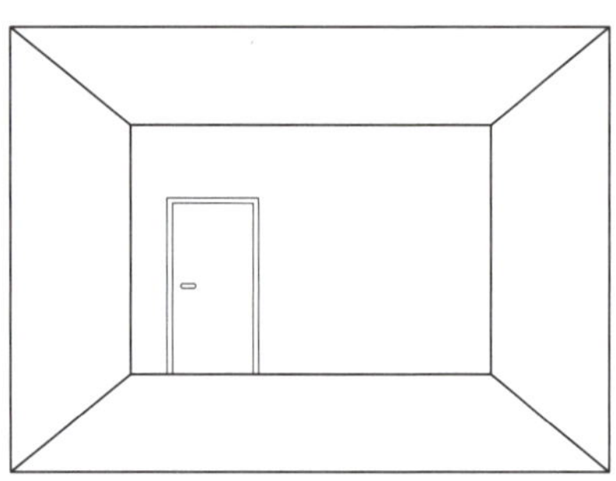

Nordzimmer

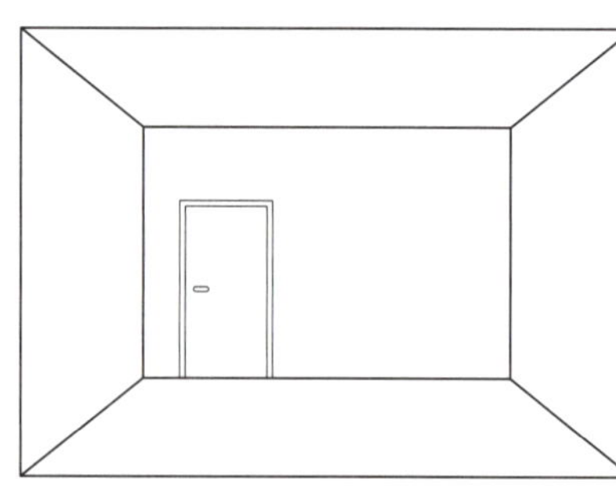

Südzimmer

7 Welcher Kontrast ist Ihrer Meinung nach für **Malerarbeiten im Innenbereich** sehr wichtig?
Nennen Sie diesen und begründen Sie Ihre Ansicht.

Name: Klasse: Datum:

Farbgestaltung in Räumen

1 Verändern Sie mit Ihrer Farbauswahl die Raumwirkung. Überlegen Sie, welche Möglichkeiten es gibt, den Raum **niedriger**, **höher**, **kürzer** und **schmaler** zu gestalten. Legen Sie die Flächen (Decke, Seitenwände, Rückwand und Boden) mit Buntstiften farbig aus.
Beschreiben Sie, wodurch Sie diese Wirkung erzielt haben.

Farbgestaltung	Raumwirkung
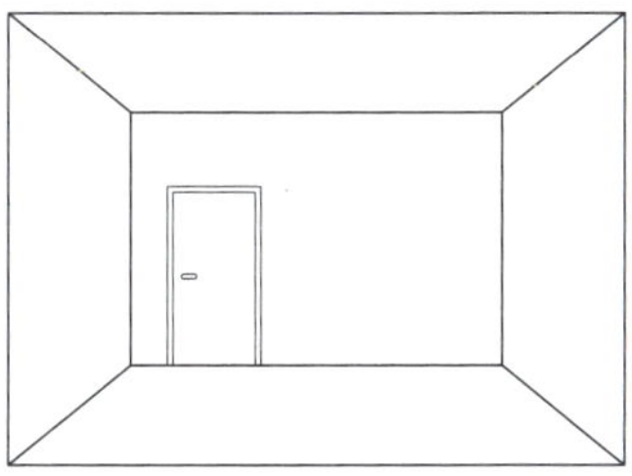	
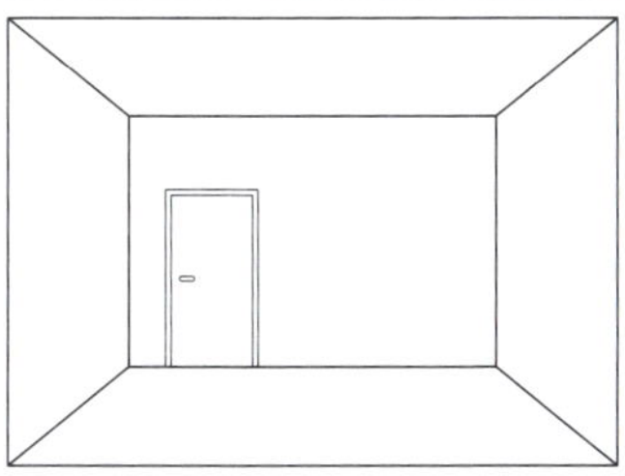	
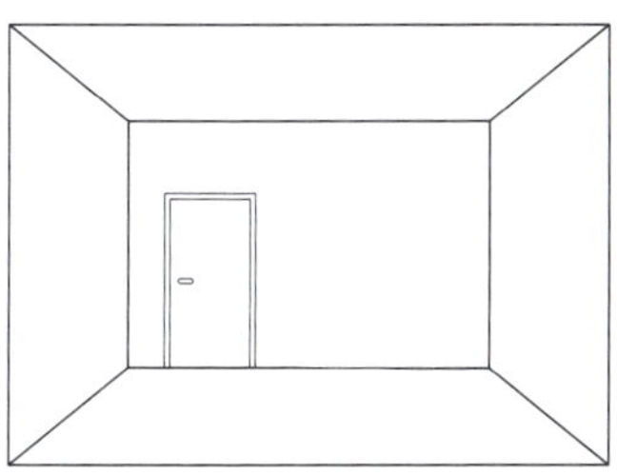	
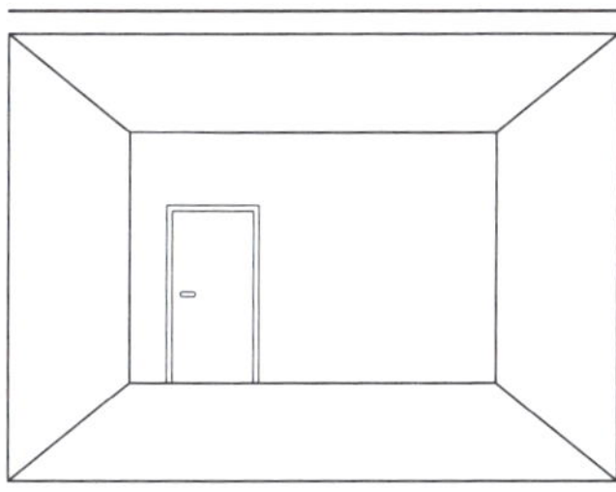	

2 Nennen Sie Aspekte, worauf Sie bei der **Farbgestaltung im Innenbereich** achten.

-
-
-
-
-

3 Zeichnen Sie in Ihrem Farbkreis (z. B. S. 87) ein, wo sich die **hellen** und **dunklen Farben** befinden.

Name: | Klasse: | Datum:

Formenlehre

1 Vervollständigen Sie die Sätze.

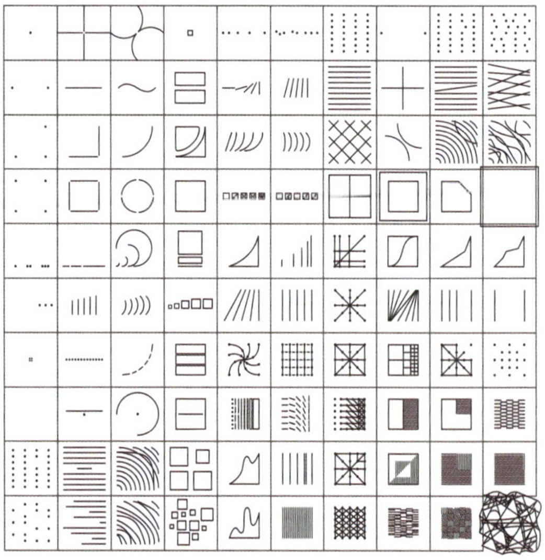

Der ______ hat die kleinste Ausdehnung. Reiht man Punkte ganz dicht, entsteht eine ______. Die Linie ist eindimensional. Ihre Ausdehnung wird als ______ bezeichnet. Wird eine Form von Linien begrenzt, entsteht eine ______. Die Fläche ist ______, z. B. eine Raumwand. Jede Fläche hat eine ______ und eine ______. Ein ______ setzt sich aus Flächen zusammen. Er ist dreidimensional, z. B. ein Wohnraum. Neben der Breite und Höhe hat er noch eine ______.

2 Betrachten Sie die Abbildung oben. Welche **Gestaltungselemente** wurden eingesetzt?

3 Warum hat man mit einem Gestaltungselement unterschiedliche Gestaltungsmöglichkeiten?
Erklären Sie in diesem Zusammenhang den Begriff **Struktur**.

4 Wie heißen die 4 verschiedenen **Anordnungen** der dargestellten Punktstrukturen?

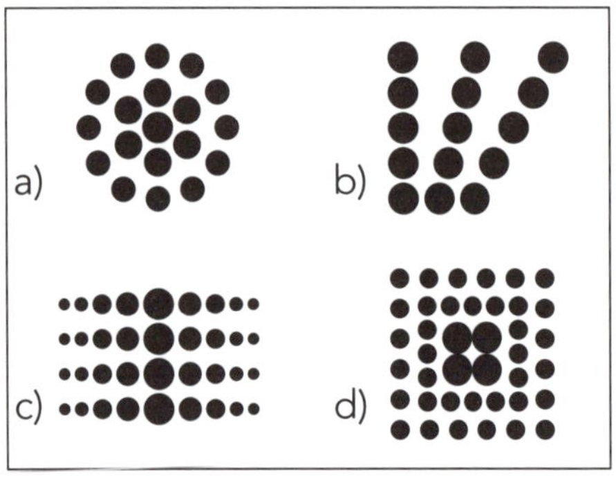

a) ______ Anordnung
b) ______ Anordnung
c) ______ Anordnung
d) ______ Anordnung

5 Gestalten Sie das nebenstehende Quadrat mit einer frei gewählten Punktstruktur und benennen Sie diese.

Name: | Klasse: | Datum:

Linien

1 Welche **Linienarten** sind in der Abbildung auf Seite 96 oben dargestellt? Nennen Sie mindestens vier.

-
-
-
-

2 Gestalten Sie die Flächen mit Linien.

a) Entwickeln Sie eine **Schraffur**, ein **Netz/Gitter**, eine **Bündelung** und eine **Überlagerung**.

b) Tragen Sie diese Begriffe bei Ihren Strukturen als Bildunterschrift ein.

3 a) Überlegen Sie sich für beide Flächen eine Struktur und gestalten Sie die Flächen mit Linien.

b) Tragen Sie den Namen Ihrer Struktur als Bildunterschrift ein.

Name: | Klasse: | Datum:

Linien

4 Wie ordnen Sie Linien an, damit die **Höhe** betont wird?

Zeichnen Sie die Linien ein und überprüfen Sie die Wirkung.

5 Wie ordnen Sie Linien an, damit die **Breite** betont wird?

Zeichnen Sie die Linien ein und überprüfen Sie die Wirkung.

6 Machen Sie einen Versuch mit Freunden, Familienmitgliedern oder Kollegen:
Sie sollen mit einer einfachen Linie z. B. Aggressivität ausdrücken oder dass Sie sich beschwingt fühlen.
Wie sehen die Linien aus? Stellen Sie Ähnlichkeiten fest.

Bei **Aggressivität** sind viele Linien ________.
Bei **Beschwingtheit** sind viele Linien ________.

7 Vervollständigen Sie die Tabelle, indem Sie die **Linienarten** einzeichnen.

Beispiele für Linienarten	Stärke	Verwendung
———————————	0,7	sichtbare Kanten
—— – —— – —— – ——	0,7	Schnittverlauf im Körper
	0,5	verdeckte Kanten
	0,35	Maßlinien, Schraffuren
	0,35	Mittellinien
	0,35	Freihandlinien

8 Wo finden Sie **Punkt- und Linienstrukturen** in Ihrem Beruf, in der Natur und in der Technik?
Ergänzen Sie Beispiele in der Tabelle.

	Beruf	Natur	Technik
Punkt	Buntsteinputz, Sprenkeltechnik	Schneeflocken	Rasterdruck
Linie	Tapete, Ritzer, Kammzugtechnik	Äste	Stromleitungen

9 Recherchieren Sie die Ornamente **Mäander** und **Wellenband/Laufender Hund**.
Suchen Sie sich eines aus und zeichnen Sie es.

Name: Klasse: Datum:

Vergrößerungsverfahren

1 Nennen Sie drei **Möglichkeiten der Vergrößerung** eines gewählten Motivs.

-
-
-

2 Sie sollen dieses Logo doppelt so groß mit blauer Farbe anlegen.
Die Positionierung ist mittig auf einer Fläche festgelegt.
Das Logo hat eine Seitenlänge l von 2 cm.
Welches Vergrößerungsverfahren wenden Sie an?

3 Setzen Sie Ihr Ergebnis zeichnerisch um und beschreiben Sie es.

4 Beschreiben Sie, wie eine Vorlage mit dem **Gitternetzverfahren** vergrößert wird.
Nehmen Sie die Abbildung zur Hilfe.

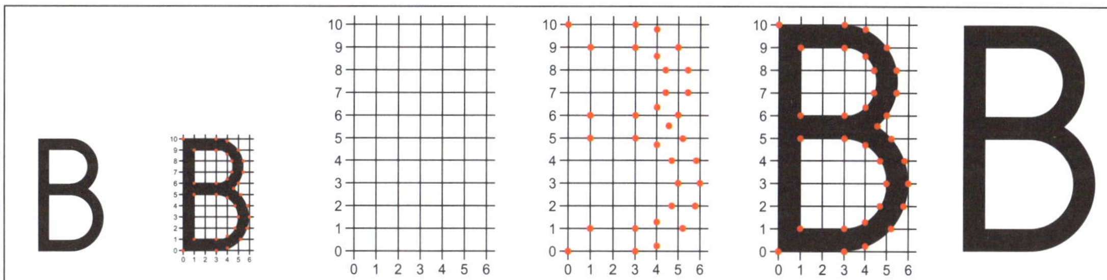

a) Vorlage
b) Gitter anlegen und Linien nummerieren
c) Gitternetz vergrößern
d) Schriftpunkte und markante Punkte übertragen, vgl. b)
e) Schriftpunkte und markante Punkte verbinden
f) Gitter entfernen

Vergrößerungsverfahren

5 Vergrößern Sie das Gebotszeichen im **Maßstab 5:1**.

Gehen Sie dabei so vor wie auf der vorhergehenden Seite in der Abbildung zu Aufgabe 4 dargestellt.

6 Wie heißt das Gebotszeichen?

nach ASR A1.3 und DIN EN ISO 7010

Name: Klasse: Datum:

Goldener Schnitt

1 a) Definieren Sie den Goldenen Schnitt.

b) Ergänzen Sie die **Streckenverhältnisse** des Goldenen Schnitts.

3:5, 5:8, 8:13, ___:21, 21:___, 34:___,
___:89, ___:___, ___:___ …

2 Unterteilen Sie die Flächen mehrfach im Goldenen Schnitt, sodass mindestens 4 Teilflächen entstehen.

3 Wählen Sie mindestens jeweils eine Fläche aus, die Sie mit Strukturen und farbig gestalten.

4 Gestalten Sie Ihre Visitenkarte.
Berücksichtigen Sie bei der Gestaltung den Goldenen Schnitt.

a) Wählen Sie als Format ein Rechteck mit einer Länge von 8 cm.
Wie hoch muss das Rechteck sein? ___

b) Zeichnen Sie das Rechteck hier ein.

c) Ergänzen Sie Ihre Personalangaben und gestalten Sie die Visitenkarte nach Ihren Vorstellungen. Beachten Sie die Ihnen bekannten Gestaltungsregeln auch für die Schrift und Farbgebung.

Schrift

1 Sammeln Sie aus Zeitungen und Prospekten Beispiele für die Schriftarten und kleben Sie sie in die freien Felder.

Antiqua-Schriften Antiqua-Schriften erkennt man an den Serifen. Serifen sind die Querstriche am oberen und unteren Ende der Buchstaben. Außerdem haben die meisten Antiqua-Schriften unterschiedliche Strichstärken innerhalb der einzelnen Buchstaben.
Grotesk-Schriften Buchstaben der Grotesk-Schriften haben keine Schmuckelemente und eine gleichmäßige Strichstärke. Wegen der fehlenden Serifen und der gleichmäßigen Linien nennt man diese Schrift auch serifenlose Linear-Antiqua.
Schreibschriften **und andere Schriften mit lateinischen Buchstaben** Hier werden alle Schriften eingeordnet, die nicht eindeutig in eine der anderen Gruppen passen.
Fremde Schriften Dazu gehören u. a. alle griechischen, hebräischen, arabischen und chinesischen Schriften.

Name: | Klasse: | Datum:

2 Schneiden Sie die 6 Schriftnamen auf Seite 109 unten aus. Vervollständigen Sie die Tabelle, indem Sie die Schriften richtig zuordnen und einkleben.

Klassifikation der Schrift nach DIN 16518

Gruppe I: venezianische Renaissance-Antiqua	ITC Weidemann
Gruppe II: französische Renaissance-Antiqua	
Gruppe III: Barock-Antiqua	Times New Roman
Gruppe IV: klassizistische Antiqua	
Gruppe V: serifenbetonte Linear-Antiqua	
Gruppe VI: serifenlose Linear-Antiqua	Avant Garde Gothic
Gruppe VII: Antiqua-Varianten	OMNIA
Gruppe VIII: Schreibschriften	
Gruppe IX: handschriftliche Antiqua	Felt Tip
Gruppe X: gebrochene Schriften	
Gruppe XI: fremde Schriften	

3 Schreiben Sie Ihren Namen in der **einfachen Skelettschrift**.

Großbuchstaben (Versalien)

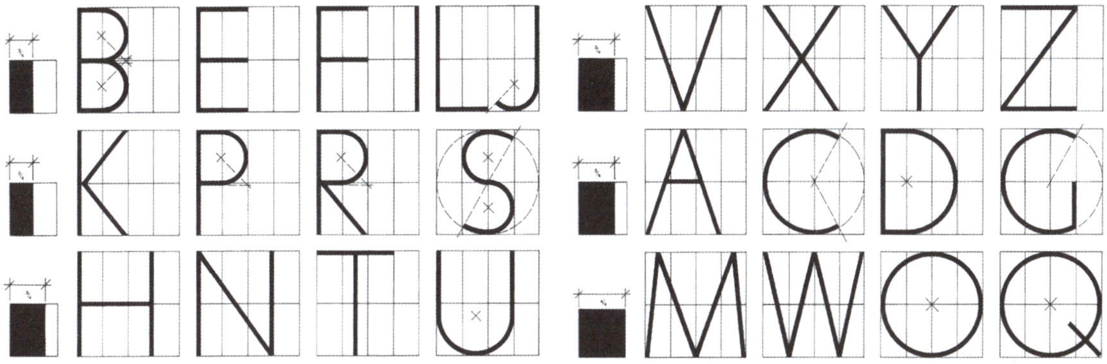

Name: Klasse: Datum:

Schrift

4 Jede Schrift hat eine andere **Wirkung**.

a) Kreuzen Sie die Schrift an, die am besten zum jeweiligen Begriff passt.

☐ Stein	☐ Stein
☐ Elefant	☐ Elefant
☐ Ritter	☐ Ritter
☐ Technik	☐ Technik
☐ KINDERGARTEN	☐ Kindergarten
☐ Sportstudio	☐ Sportstudio
☐ Bäckerei	☐ Bäckerei

b) Vergleichen und diskutieren Sie Ihr Ergebnis mit Ihren Klassenkameraden.

5 Jede Schrift hat Ihren eigenen Ausdruck. Ordnen Sie den Schriftarten in der Tabelle eine der im Kasten genannten Wirkungen zu.

altertümlich – elegant – konservativ – robust

Schriftart	Wirkung
Schriftart	
Schriftart	
Schriftart	
Schriftart	

Name: Klasse: Datum:

Gestaltung eines Raumes

1 Welcher Raum aus dem Grundriss wurde in Aufgabe 3 abgewickelt?

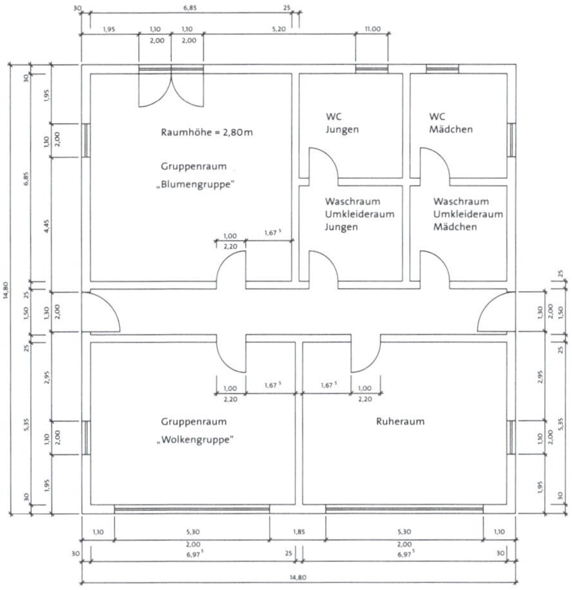

2 In welchem **Maßstab** wurde die Abwicklung unten gezeichnet?

Die Abwicklung wurde im Maßstab ______ gezeichnet.

3 **Bemaßen** Sie die Abwicklung.

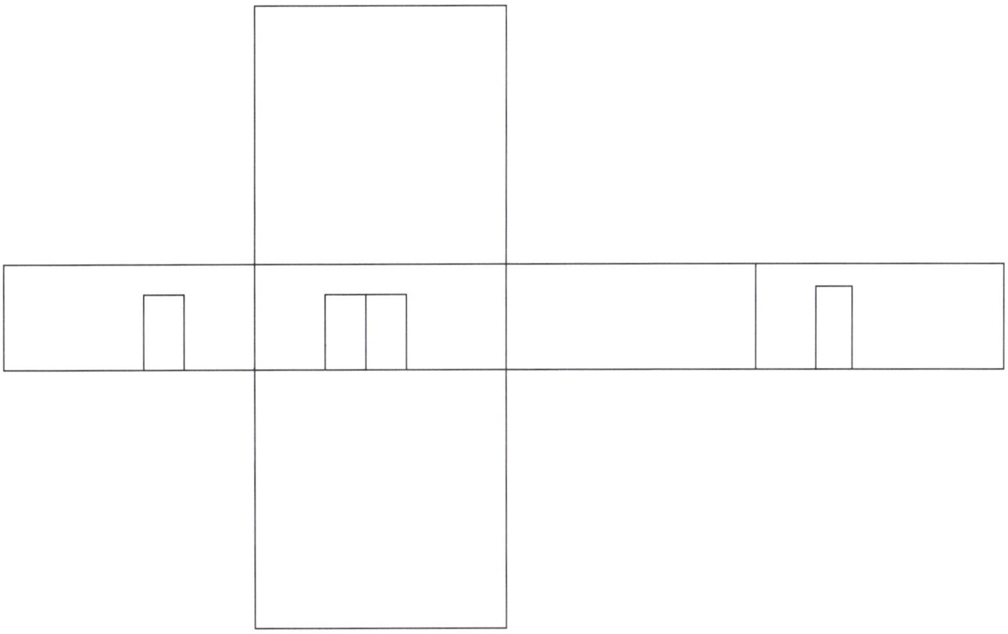

4 Der Raum erhält eine schmale Fußleiste. Berechnen Sie die benötigte Länge.

a) ohne Abzug: ______

Es werden ______ Fußleiste benötigt.

b) mit Abzug aller Öffnungen:

______

Bei Abzug der Öffnungen werden ______ Fußleiste benötigt.

Gestaltung eines Raums

5 Mithilfe der Abwicklung lassen sich nun verschiedene **Entwürfe** anfertigen. Erstellen Sie mit Buntstiften eine farbige Vorlage für den Gruppenraum der Blumengruppe.
Zu berücksichtigen ist:

- Der Fußboden des Gruppenraums ist mit hellgrauen PVC-Fliesen belegt.
- Die Decke soll nicht gestrichen werden.

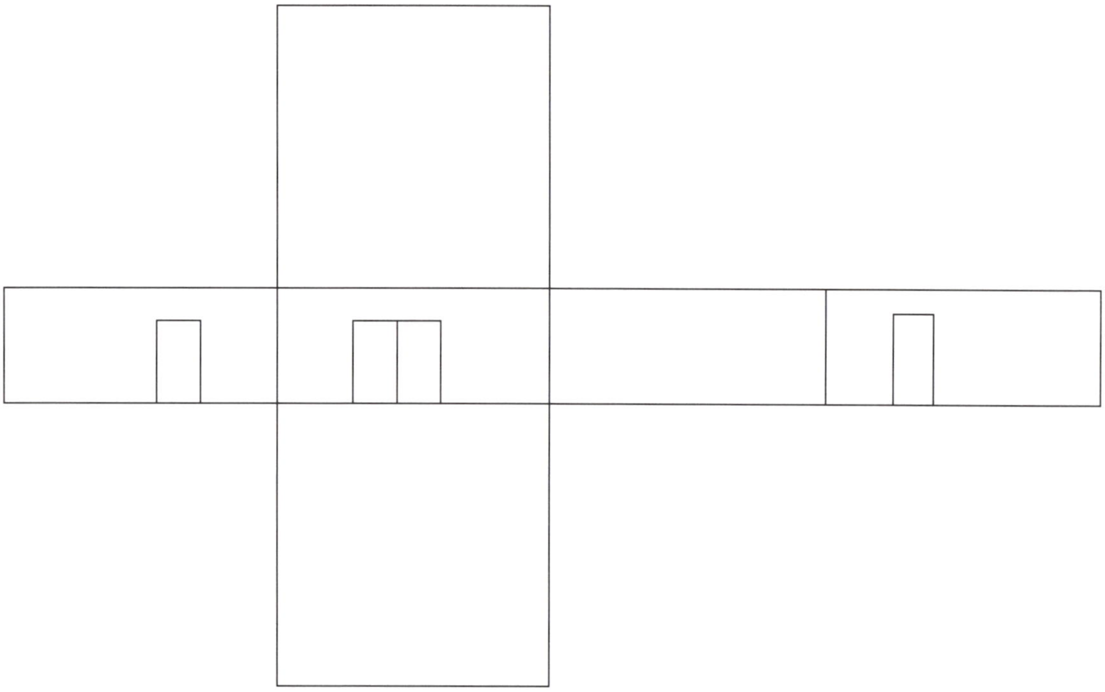

6 Sie begründen dem Kunden ihren Vorschlag schriftlich.
Finden Sie Argumente für Ihre Gestaltung.

Name: | Klasse: | Datum:

Material zum Ausschneiden

Zu Seite 11, Aufgabe 1

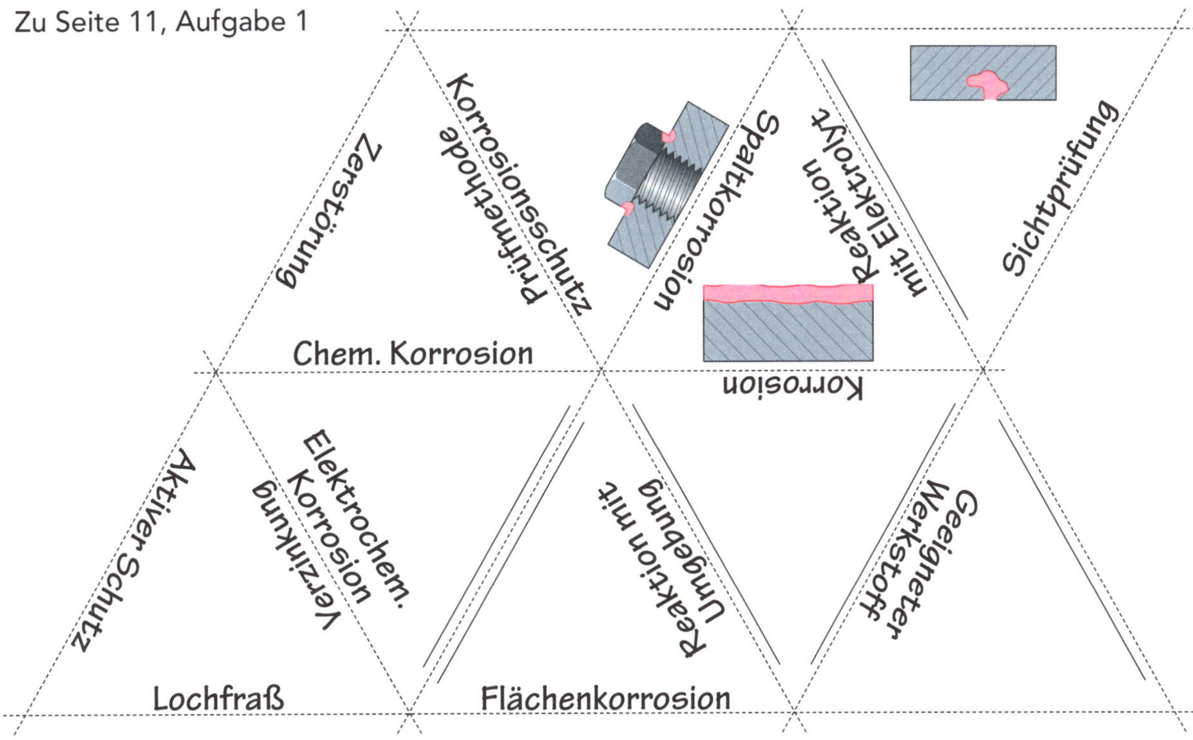

Zu Seite 77, Aufgabe 1, einzukleben auf Seite 78

Mikrofaser- Heizkörperrolle 	Heizkörper- Farbrolle Typ 1 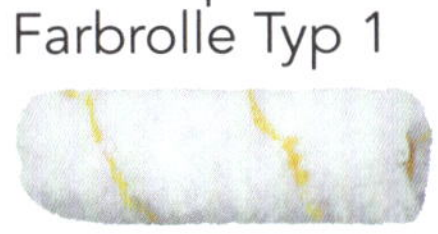	Polyamid- Kurzflorrolle 
Velours- Lackierwalze 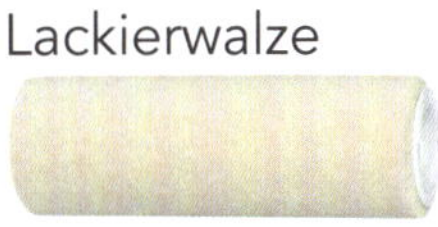	Lamfell- Farbwalze 	Acryllackierrolle 
Gepolsterte/ung. Polyamid- Farbwalze 	Schaumstoff- Lackierwalze bügelseitig rund 	Lackierrolle/-w. für wasserbas. PU-Lacke 

Zu Seite 105, Aufgabe 2

ITC Garamond	Bodoni Old Face	Zapfino
Rockwell	Fraktur	طكحيضسرذ

Zu Seite 16, Aufgabe 5

Gitterschnitt- kennwert Gt0 – Gt5	Erkennen von Schäden	Anlöseprobe 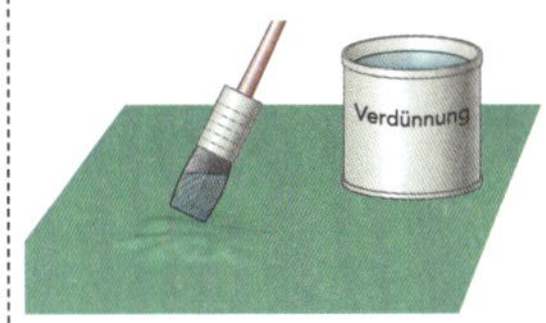	Genaue Betrachtung
Pinsel und Verdünnung des neuen Beschich- tungsstoffes	Abrissprobe	Augenschein	Senkrechte und waagerechte Schnitte bis zum Untergrund
Einheit: 1 µm = 1/1000 mm	Elastische Späne => überlackierbar	Magnetischer Schichtdicken- messer	Klebebandtest 
Sichtprüfung 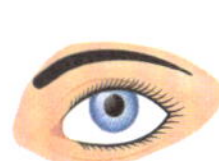	Gitterschnitt- messer/ Cuttermesser	Angriff der Altbeschichtung => nicht überlackierbar	Klebeband
Lösemittelprobe	Spatel oder Messerklinge	Kratzprobe 	Mitgerissene Anstrichteile nicht überlackierbar
Spröde Späne => nicht überlackierbar	Gitterschnitt- prüfung 	Messkamm	Schichtdicke